JN011069

40 Lessons to Improve Your English:
Linguistic Insights to Boost the 4 Skills

英語上達
40レッスン
言語学から見た
4技能の伸ばし方

畠山雄二 [編]

縄田裕幸　本田謙介　田中江扶
澤田治　菅原真理子　今仁生美 [著]

朝倉書店

編著者

畠山雄二 <small>はたけやま ゆうじ</small>	東京農工大学工学研究院

執筆者

縄田裕幸 <small>なわた ひろゆき</small>	島根大学学術研究院
本田謙介 <small>ほんだ けんすけ</small>	茨城工業高等専門学校
田中江扶 <small>たなか こうすけ</small>	信州大学学術研究院
澤田 治 <small>さわだ おさむ</small>	神戸大学大学院人文学研究科
菅原真理子 <small>すがはら まりこ</small>	同志社大学文学部
今仁生美 <small>いま に いくみ</small>	名古屋学院大学外国語学部

まえがき

　日本人で，自称英語ができる人は，例外なく英語に対して一家言ある。苦労して英語が使えるようになっただけに，英語の勉強の仕方についてあれこれ言いたくなるのはわからないでもない。そのようなこともあり，最近では，英語とは関係のない人たちも英語の勉強法について口を出してきたりする。門外漢の意見とはいえ，それはそれでいいことも多々ある。

　英語に一家言ある人で英語の勉強の仕方についてよく助言をし，そしてコメントを求められる人に英語教育の専門家がいる。英語教育の専門家がお勧めする英語の勉強法というと，多読やシャドーイングといったものがあるが，効果は人によってマチマチである。

　英語教育の専門家は，教授法やテスティングの研究が主ということもあり，実は，英語そのものについてはあまり知らない。英語がどのような言語か，そして子どもがどのように英語をマスターしていくのか，その本質をあまり知らない。理科教育の専門家は理科に精通している。同じように，社会科教育の専門家は社会科に精通している。でも，英語教育の専門家は，不思議なことに，英語には精通していない。だから，英語教育の専門家が指南する英語の勉強法はイマイチだったりする。

　英語がスラスラ読めるからといって英語がちゃんと教えられるかというと，そういうものでもない。英語をちゃんと教えるには，英語そのものを熟知していないといけない。さらにいうと，学習者の母語である日本語に関してもかなりの知識がないと英語を教えることはできない。日本人に英語を教えるのは，そう簡単なことではないのだ。というか，実はかなり難しく，教えることができる人もかなり限られている。中途半端な知識で教えると学習者に致命的な害を与えかねない。

　英語教育の最適任者が英語の勉強の仕方を伝授し，そのノウハウを現場の先生方がマスターしたうえで英語の授業をしてくれたら……そう，生徒たちは費用対効果抜群の英語の勉強ができるはずだ。では，そのような英語教育の最適

任者とはいったい誰になるのだろうか。理論言語学のプロである。でも，哀しいかな，理論言語学のプロは，これまで，あまり表立って英語の勉強法について語ることはなかった。理由はいろいろあるだろう。「教育というものにそもそも期待してないし」「何か言ったところで聞く耳もたないだろうし」「死に体の英語教育に今さらどうすることもできないし」などなど。

英語教育が混迷を極めている今日，発言すべき人がやっぱり発言すべきだと思いつつある。黙っていても誰もわかってくれない。聞く耳のある人は少なからずいるはずだし，もしかしたら，賛同者の中から画期的な英語教育カリキュラムをつくってくれる人が出てくるかもしれない。やらないことには，そして言ってみないことには，何が起こるかわからない。行動を起こして何も起こらなければ，それはそれで「ああ，やっぱり何も変わらないか」と1つ発見できる。

とにかく行動を起こしてみよう！ と思って起こした「行動」が本書『英語上達40レッスン―言語学から見た4技能の伸ばし方―』の刊行である。本書をつくるにあたり，私が（偏見なしの）独断で選んだ6人の「英語教育の最適任者」に集まってもらった。6人の「英語教育の最適任者」には，理論言語学の知見を踏まえたうえで，英語の「読み方」と「書き方」，そして「聞き方」と「話し方」のコツとその勉強法を伝授してもらった。

本書は，英語の「読み方」と「書き方」，そして「聞き方」と「話し方」の4つの構成からなり，それぞれ10個の項目からなっている。全部で40の英語上達のコツと勉強法が懇切丁寧に，噛んで含めるように解説されている。読者諸氏には，本書を舐めるように読んでもらい，コスパの高い英語の勉強法をマスターしてもらえればと思う。

英語学習者ならびに英語教育者のがんばりに期待する。

2020年6月

編集者　畠山雄二

目　　次

Chapter 0
What is English like?

第**0**章
英語はどういう言語なのか

　世界は英語で溢れている。学問上も仕事上も英語が不可欠になり，英語がわからなければ学問でも仕事でも成功しないとさえいわれる。しかし，「英語がわかる」とはいったいどういう状態を指すのだろうか。そもそも英語とはどういう言語なのか。実は，「英語はどういう言語なのか」という問いに正確かつ精確に答えるのは誰にとっても難しい。本章では，英語の文法の本質的な特徴を述べることによって，その問いに対して1つの回答を提出したい。

　しかし，英文法の範囲内に限ったとしても，《英語の本質的な特徴》をあげるという作業は実は容易ではない。たとえば，手元にある学習英文法書などをみても，膨大な英文法の項目は並んでいるものの，《英語の本質的な特徴》を前面に出している本などほとんどない。このため，英語の学習者が《英語の本質的な特徴》を知りたくても，実際はその手段がないのである。そこで本章では，英文法の範囲内での《英語の本質的な特徴》を明らかにしていくことにする。

　「英語はどういう言語なのか」という問いに対する本章の答えを先取りしていうと，英語とは概略(1)のような本質的な特徴をもつ言語である。

(1) a. 英語は玄関を入って右側に部屋がある。
　　b. 英語の部屋割りは指定されている。
　　c. 英語独特のこだわりがある。

(1)にある「玄関」や「部屋（割り）」そして「こだわり」はもちろん比喩であり，実際に英語に「玄関」や「部屋（割り）」そして「こだわり」があるわけではない。しかし，これらの比喩表現を援用することで，英文法にみられるさまざまな，そして非常にたくさんの特徴が容易に理解できる。(1a)については1節で，(1b)については2節で，(1c)については3節でそれぞれ詳しく説明する。

　英語の特徴を前面に出すためには，他言語との比較が非常に有効である。本

章では英語を日本語と比較することにより，英語の特徴を浮かび上がらせていく。最近の英語教育では日本語を使うことをひどく嫌っている傾向にあると思われるが，日本語は英語を知る重要な手がかりとなる。本章を読めばそのことがよくわかるはずである。

1 英語は玄関を入って右側に部屋がある

上で述べたように，本章では英語の特徴を日本語と比べながらみていくことにする。本節では 5 つの特徴を紹介する。

1 個めの英語の特徴は，《動詞の右側に目的語がくる》という語順の制約をもつことである。(2)をみてみよう。

(2)

動詞と目的語	
英語	日本語
ate（動詞） an apple（目的語）	リンゴを（目的語） 食べた（動詞）

(2)で示されているように，英語では動詞（ate）の右側に目的語（an apple）が現れるが，日本語では動詞（「食べた」）の左側に目的語（「リンゴを」）が現れる。ここで，(2)の太い線の枠を「玄関」，細い線の枠を「部屋」にたとえてみよう。英語では動詞という玄関を通ると右側に目的語の部屋がある。英語とは逆に，日本語では動詞の玄関を通ると左側に目的語の部屋がある。このように，英語と日本語では玄関と部屋の位置関係がまったく逆になっている。実は，このような玄関と部屋の位置関係は，動詞と目的語の間にだけみられるわけではない。次の特徴をみてみよう。

2 個めの英語の特徴は，《前置詞の右側に名詞がくる》という語順の制約をもつことである。(3)をみてみよう。

(3)

前置詞と名詞	
英語	日本語
in（前置詞） Tokyo（名詞）	東京（名詞） で（後置詞）

(3)で示されているように，英語では前置詞（in）の右側に前置詞の目的語となる名詞（Tokyo）が現れるが，日本語では後置詞（「で」）（＝国文法では「助詞」とよばれる）の左側に名詞（「東京」）が現れる。ここで，前置詞（日本語では後置詞）を玄関としてみよう。そうすると，英語では前置詞という玄関を通ると右側に名詞の部屋がある。英語とは逆に，日本語では後置詞の玄関を通ると左側に名詞の部屋がある。このように，前置詞と名詞の位置関係においても，英語と日本語では玄関と部屋の位置関係がまったく逆になっている。さらに，次の特徴をみてみよう。

　3個めの英語の特徴は，《否定辞の右側に動詞がくる》という語順の制約をもつことである。(4)をみてみよう。

(4)

否定辞と動詞	
英語	日本語
not（否定辞）eat（動詞）	食べ（動詞）ない（否定辞）

(4)で示されているように，英語では否定辞（not）の右側に動詞（eat）が現れるが，日本語では否定辞（「ない」）の左側に動詞（「食べ」）が現れる。ここで，否定辞を玄関としてみよう。そうすると，英語では否定辞という玄関を通ると右側に動詞の部屋がある。英語とは逆に，日本語では否定辞の玄関を通ると左側に動詞の部屋がある。このように，否定辞と動詞の位置関係においても，英語と日本語では玄関と部屋の位置関係がまったく逆になっている。さらに，次の特徴をみてみよう。

　4個めの英語の特徴は，《先行詞の右側に関係節がくる》という語順の制約をもつことである。(5)をみてみよう。

(5)

関係節と先行詞	
英語	日本語
the book（先行詞）I read（関係節）	私が読んだ（関係節）本（先行詞）

(5)で示されているように，英語では先行詞（the book）の右側に関係節（I read）が現れるが，日本語では，英語の先行詞にあたる「本」の左側に関係節（「私が

読んだ」）が現れる。ここで，先行詞を玄関としてみよう。そうすると，英語では先行詞という玄関を通ると右側に関係節の部屋がある。英語とは逆に，日本語では先行詞の玄関を通ると左側に関係節の部屋がある。このように，関係節と先行詞の位置関係においても，英語と日本語では玄関と部屋の位置関係がまったく逆になっている。さらに，次の特徴をみてみよう。

　5 個めの英語の特徴は，《従属接続詞の右側に従属節がくる》という語順の制約をもつことである。(6)をみてみよう。

(6)

従属接続詞と従属節			
英語		日本語	
(I think) that 従属接続詞	Mary is honest 従属節	メアリーが正直だ 従属節	と　（私は思う） 従属接続詞

(6)で示されているように，英語では従属接続詞（that）の右側に従属節（Mary is honest）が現れるが，日本語では従属接続詞（「と」）（＝国文法では「助詞」とよばれる）の左側に従属節（「メアリーが正直だ」）が現れる。ここで，従属接続詞を玄関としてみよう。そうすると，英語では従属接続詞という玄関を通ると右側に従属節の部屋がある。英語とは逆に，日本語では従属接続詞の玄関を通ると左側に従属節の部屋がある。このように，従属接続詞と従属節の位置関係においても，英語と日本語では玄関と部屋の位置関係がまったく逆になっている。

　これまでみてきた 5 つの特徴をまとめると(7)になる。

(7)

英語		日本語		例
玄関	部屋	部屋	玄関	
動詞	目的語	目的語	動詞	(2)
前置詞	名詞	名詞	後置詞	(3)
否定辞	動詞	動詞	否定辞	(4)
先行詞	関係節	関係節	先行詞	(5)
従属接続詞	従属節	従属節	従属接続詞	(6)

(7)で示されているように，英語では玄関（＝グレーの列）の右側に部屋がある。英語とは逆に，日本語では玄関の左側に部屋がある。このことから，《玄関を入

って右側に部屋がある》のが英語の本質的な特徴の 1 つであることがわかる。

2　英語の部屋割りは指定されている

　前節の(2)〜(6)であげた 5 つの特徴のほかにも，英語にはさらに 6 つの特徴がみられる。本節では，それらの特徴が英語の「部屋割り」と「部屋の人数制限」を考えることですべて納得がいくことを示す。

　（前節から通算して）6 個めの英語の特徴は，《主語が省略できないこと》である。(8)をみてみよう（なお，例文の文頭についている「*」は，当該文が非文法的であることを示している）。

(8)

主語の省略	
英語：できない	日本語：できる
I will go to school. *＿ will go to school.	私は学校に行きます。 ＿＿＿学校に行きます。

(8)で示されている通り，英語では主語は必ず表されなければならず省略することができない。しかし，日本語では主語は必ずしも表す必要はなく，省略することができる。

　7 個めの英語の特徴は《複数の主語が許されないこと》である。(9)をみてみよう。

(9)

複数の主語	
英語：許さない	日本語：許す
*In civilized countries, male, the average lifespan is short. 　　　　　　　　　主語　　　　　　主語	文明国では 男性が 平均寿命が 短い。 　　　　　　主語　　主語

(9)で示されている通り，英語では 1 つの文（＝単文）に主語が複数表れることができないが，日本語では単文に主語が複数表れることができる。

　8 個めの英語の特徴は，《主語に虚辞が現れること》である。(10)をみてみよう。

(10)

虚辞	
英語：ある	日本語：ない
There is a student in the room.　虚辞	部屋には学生がいる。

(10)で示されている通り，英語には具体的な意味をもたない虚辞（there）が存在し，その虚辞は主語が通常ある位置に現れる。一方，日本語には英語のような虚辞は存在しない。

　9 個めの英語の特徴は，《wh 句が文頭に義務的に移動すること》である。(11)をみてみよう。

(11)

wh 句の文頭への移動	
英語：義務的	日本語：任意
What will you eat?　*Will you eat what?	何をあなたは食べますか。　あなたは何を食べますか。

(11)で示されている通り，英語では目的語の wh 句（what）は文頭に現れなければならず，目的語の位置のままでは非文法的になる。一方，日本語では目的語の wh 句（「何を」）は文頭に現れてもよいが，目的語の位置のままでも文法的である。

　10 個めの英語の特徴は，《複数の wh 句を文頭に移動できないこと》である。(12)をみてみよう。

(12)

複数の wh 句の文頭への移動	
英語：できない	日本語：できる
What will you eat where?　*What where will you eat?	何をあなたはどこで食べますか。　何を どこであなたは食べますか。

(12)で示されている通り，英語では 2 つの wh 句（what と where）が両方とも文頭に移動すると非文法的になる。一方，日本語では 2 つの wh 句（「何を」と「どこで」）が両方とも移動しても文法的である。

　11 個めの英語の特徴は，《複数の助動詞を許さないこと》である。(13)をみてみよう。

(13)

複数の助動詞	
英語：許さない	日本語：許す
*You <u>will</u> <u>can</u> eat an apple. *You <u>can</u> <u>will</u> eat an apple.	あなたはリンゴを食べ <u>られる</u> <u>だろう</u>。 *あなたはリンゴを食べ <u>だろう</u> <u>られる</u>。

(13)で示されている通り，英語では単文で 2 つの助動詞（will と can）を同時に使うことができない。一方，日本語では助動詞の並ぶ順番に制限があるものの（「られるだろう」は許されるが「*だろうられる」は許されないなど），2 つの助動詞（「られる」「だろう」）を同時に使うことができる。

　本節でみた 6 つの英語の特徴をまとめると(14)の表になる。

(14)

	特徴	英語	日本語	例
a	主語の省略	できない	できる	(8)
b	複数の主語	許さない	許す	(9)
c	虚辞	ある	ない	(10)
d	wh 句の文頭への移動	義務的	任意	(11)
e	複数の wh 句の文頭への移動	できない	できる	(12)
f	複数の助動詞	許さない	許す	(13)

(14a-f)は，一見すると雑多な特徴の集まりにみえるかもしれないが，実はこれらはすべて《英語の「部屋割り」から生じる特徴》である。英語の「部屋割り」とは，(15)のようである。

(15)

《wh 句》	《疑問》	《主語》	《助動詞》	動詞, 目的語, その他

(15)の《wh 句》の部屋とは，wh 疑問文における wh 句の移動先である。たとえば，What will you eat?（＝wh 疑問文）の what（＝wh 句）が入る部屋である。《疑問》の部屋とは，疑問文における助動詞の移動先である。たとえば，Will you eat?（＝疑問文）の助動詞 will は，もともとは《助動詞》の部屋にあったが，疑問文では《疑問》の部屋に義務的に移動する。このように，wh 疑問文では《wh 句》の部屋が wh 句によって占められていなければならず，疑問文では《疑問》の部屋が助動詞によって占められていなければならない。また，《主語》の部屋は主語によって占められていなければならない。なお，(15)に付

随して，英語には(16)のような「部屋の人数制限」がある。

(16) 各部屋には「1人」しか入れない。

(15)の「部屋割り」と(16)の「部屋の人数制限」によって，(14)の6つの特徴が次のように出てくる。まず，《wh句》の部屋には wh句が入らなければならず，しかも1つしか入れないことから，(14d,e)の特徴が出てくる。また，《主語》の部屋には主語が入らなければならず，しかも1つしか入れないことから，(14a-c)の特徴が出てくる。さらに，《助動詞》の部屋には助動詞が入らなければならず，しかも1つしか入れないことから(14f)の特徴が出てくる。

3　英語独特のこだわりがある

　これまで英語の特徴を11種類みてきた。本節ではさらに，英語に独特な5種類の特徴――こだわり――を日本語と比較しながらみていくことにする。
　（前節から通算して）12個めは《数へのこだわり》である。(17)と(18)を比べてみよう。

(17) a. There is **a student** in the classroom.
     b. There are **students** in the classroom.
(18) 教室に**学生**がいる。

(17)のように英語では，「学生」が1人の場合には student の前に a をつけて a student にし，「学生」が2人以上の場合には student の後に s をつけて students にする。このように英語では，1と2以上を形のうえで区別するという《数へのこだわり》がある。一方，日本語にはそのような《数へのこだわり》がないため，教室に学生が1人いる場合も2人以上いる場合もどちらも(18)のように「学生」で構わない。
　13個めは《特定性を表示するこだわり》である。(19)と(20)を比べてみよう。

(19) a. I saw a man at the station yesterday.
     b. I saw the man at the station yesterday.
     c. *I saw man at the station yesterday.
(20) 私は昨日駅で男をみた。

(19)のように英語では，man の前に不特定を表す a をつけるか（cf. (19a)），特定を表す the をつける（cf. (19b)）。man に a も the もつけないと，(19c)のように非文法的になる。このように英語では，不特定あるいは特定を表示しなければならないという《特定性を表示するこだわり》がある。一方，日本語では，「男」の前に不特定を表す「ある」または特定を表す「その」をつけることももちろん可能であるがそれは任意であり，(20)のように「ある」や「その」をつけなくても完全に文法的である。つまり，日本語には英語のような《特定性を表示するこだわり》はないということである。

　14 個めは《可算・不可算へのこだわり》である。(21)と(22)を比べてみよう。

(21)　a. I drank a cup of coffee.
　　　b. *I drank **a** coffee.
　　　c. *I drank coffee**s**.
(22)　私はコーヒーを飲んだ。

coffee は液体なので数えることができない。だから，(21b)のように a coffee と言ったり，(21c)のように coffees と言ったりすることはできない。しかし，coffee はカップ（cup）に入れれば，1 杯，2 杯と数えることができるので，(21a)のように a cup of coffee と数えることができる。英語はこのように，名詞が数えられるか（＝可算），数えられないか（＝不可算）に対する強い「こだわり」，すなわち《可算・不可算へのこだわり》をもつ。一方，日本語は，「コーヒー」の前に「1 杯の」をつけることも可能であるがそれは任意であり，(22)のように「1 杯の」をつけなくても完全に文法的である。つまり，日本語は英語のような《可算・不可算へのこだわり》が強くないということである。

　15 個めは《過去と現在の関係へのこだわり》である。(23)と(24)を比べてみよう。

(23)　a. I **have lost** the key.
　　　b. I **lost** the key.
(24)　私はカギをなくした。

(23a)と(23b)はともに過去においてカギをなくしたことまでは共通しているが，それぞれが表している今現在の状況が違う。(23a)は「過去にカギをなくし

て，今現在もカギがないこと」が表されている。これに対して，(23b)は「過去
にカギをなくしたこと」のみ表されていて，今現在カギがどうなったかについ
ては触れられていない。つまり，英語で今現在の状況について述べるとき，過
去の状況を引きずっているか，あるいはそうではないかによって表現を変える
ということである。英語はこのように，過去に起こったことが現在どうなって
いるかについてことばで表現したいという「こだわり」，すなわち《過去と現在
の関係へのこだわり》を強くもつ。一方，日本語では，(23a)と(23b)の英文の
状況に対してどちらの状況でも(24)を使う。このことからもわかるように，日
本語は，英語のような《過去と現在の関係へのこだわり》が強くないことがわ
かる。

　16 個めは《人称へのこだわり》である。(25)と(26)を比べてみよう。

(25) a. **I am** listening to music.
　　 b. {**He/She**} **is** listening to music.
　　 c. {**You/They**} **are** listening to music.
(26) {私／彼／彼女／あなた／彼ら} は音楽を聴いている。

(25)からわかるように，英語では主語の人称（I/he/she/you/they）によって
be 動詞の形が変化する。このように英語には《人称へのこだわり》がある。一
方，日本語では，(26)からわかるように，主語の人称（私／彼／彼女／あなた
／彼ら）によって動詞の形が変化することはない。つまり，日本語には英語の
ような《人称へのこだわり》がないことがわかる。

　本節でみてきた英語の 5 つのこだわりをまとめると(27)になる。

(27)

英語のこだわり	例
数へのこだわり	(17)
特定性を表示するこだわり	(19)
可算・不可算へのこだわり	(21)
過去と現在の関係へのこだわり	(23)
人称へのこだわり	(25)

英語には，(27)にまとめられたような，日本語にはない独特の「こだわり」が
あることがわかった。

4　ま　と　め

　本章は，「英語はどういう言語なのか」という問いをきっかけにして，さまざまな例をみてきた。日本語と比較して浮かび上がってきた英語の特徴は，結局(28a-p)の 16 種類にも上った。

(28)

	特徴	例文	本質的な特徴
a	動詞の右側に目的語がくる	(2)	玄関を入って右側に部屋がある(29a)
b	前置詞の右側に名詞がくる	(3)	
c	否定辞の右側に動詞がくる	(4)	
d	先行詞の右側に関係節がくる	(5)	
e	従属接続詞の右側に従属節がくる	(6)	
f	主語が省略できない	(8)	「部屋割り」と「人数制限」がある(29b)
g	複数の主語が許されない	(9)	
h	主語に虚辞が現れる	(10)	
i	wh 句が文頭に義務的に移動する	(11)	
j	複数の wh 句を文頭に移動できない	(12)	
k	複数の助動詞を許さない	(13)	
l	数へのこだわりをもつ	(17)	独特のこだわりがある(29c)
m	特定性を表示するこだわりをもつ	(19)	
n	可算・不可算へのこだわりをもつ	(21)	
o	過去と現在の関係へのこだわりをもつ	(23)	
p	人称へのこだわりをもつ	(26)	

　(28a-p)の特徴は(29)のような本質的な特徴に還元できる。

(29) a. 英語は玄関を入って右側に部屋が続いている（「玄関」と「部屋」にあたる
　　　　ものは，(i)を参照）。

(i)

英語	
玄関	部屋
動詞	目的語
前置詞	名詞
否定辞	動詞
先行詞	関係節
従属接続詞	従属節

　　b. 英語には，(ii)のような「部屋割り」と(iii)のような「部屋の人数制限」があ
　　　　る。

(ii)

《wh 句》	《疑問》	《主語》	《助動詞》	動詞, 目的語, その他

　　(iii)　各部屋には「1 人」しか入れない。

　　c. 英語には独特のこだわりがある。

すなわち，(28a-e)の特徴は(29a)に，(28f-k)の特徴は(29b)に，(28l-p)の特徴
は(29c)にそれぞれ還元できる。したがって，「英語はどういう言語なのか」と
いう問いに対する本章の回答は，《英語は(29)のような特徴を本質的にもつ言
語である》ということになる。

第**1**章

英語の読み方

1.1 読解力を支える文法
カタログ的知識から道具としての知識へ

> 現在の学校文法には，その大枠に関しても，また細部に関しても，改善の余地がある。
> （岡田伸夫『英語教育と英文法の接点』p.42）

　英語を正しく読むためには文法を知っていなければならない。このことには，少なからぬ読者が同意してくれることであろう。しかし，英語の授業で暗記した文法知識が英語を読む際にどのくらい「役に立って」いるかというと，あまり実感できない人もいるのではないだろうか。たとえば，入試問題や TOEIC などの資格試験で「文法問題では点が取れるけれども長文が苦手」という人がよくいる。このような人たちは，せっかく文法を知っているのに，それがカタログ的な知識にとどまっており，英語を読むときに道具として活用できていないといえるだろう。ちなみに，現在の学習指導要領では文法を「コミュニケーションを支えるもの」として教えることになっており，これは基本的に正しい方向性であると筆者は評価している。しかし，大事なのは「コミュニケーションを支える文法」の中身を具体的に示していくことである。ここでは「読む」活動に焦点を当て，そこで必要な文法とはどのようなものかを明らかにしたい。

1 「正しい」「間違っている」ではなく「何を言っているのか」

　カタログ的文法知識と道具としての文法知識の区別を考えるために，はじめに(1)のような典型的な文法問題を考えてみよう。

(1) 空欄に入る表現として正しくないものを１つ選びなさい。
　　We watched the zookeeper (　　) the elephant.
　　a. feed　　　　　　b. feeding　　　　　c. fed

これは，知覚動詞 watch がとる構文に関する問題である。知覚動詞構文では目的語の後ろに原形動詞，現在分詞，過去分詞のいずれかがくる。上の例では，fed は過去形または過去分詞形の可能性があるが，過去形は知覚動詞構文には現れることができず，過去分詞形は「飼育員が餌をやる」という能動の意味と合致しない。よって正解は c である。文法問題を解く際に，私たちはこのよう

な推論をカタログ的知識に基づいて行っている。

　しかし，実際に英語を読む場面において，私たちはこのような頭のはたらかせ方をしていない。なぜなら，そもそも *We saw the zookeeper fed the elephant. という文を目にすることがないからである。考えてみれば当たり前のことであるが，信頼できる書き手による文章であれば，**私たちの目の前にある英文はすべて正しい**。したがって，ある表現が文法的に正しいか間違っているかを判断する必要はないのである。**大切なのは，与えられた英語の表現が正しいという前提のもとで，それが「何を言っているのか」を解釈することである。**それを可能にするのが，道具としての文法知識である。

　そのことを理解していただくために，実際に目にする可能性のある(2)の文を比較してみよう。

(2)　a. We watched the zookeeper feed the elephant.
　　b. We watched the zookeeper feeding the elephant.

feed は「餌をやる」という一定の時間を要する行為を表している。この種の動詞が知覚動詞構文において原形で現れると，その行為が完了するまで見届けたことになる。他方で，現在分詞形は行為をみた時点でそれが進行中であることを表す。したがって，(2a)では，飼育員がゾウに餌をやり終えるまでずっとみていたのに対し，(2b)では餌をやっている場面を一時的にみていたにすぎないことになる。では，(3a,b)の違いはどうだろうか。

(3)　a. We heard someone knock the door.
　　b. We heard someone knocking the door.

knock「ノックする」は，feed と違って瞬間的に終わる動作を表している。この種の動詞が知覚動詞構文において現在分詞で現れると，動作が何回も続いたことを表す。すなわち，(3a)が単に「誰かがドアをノックした」ことを表しているのに対して，(3b)は「誰かがノックし続けていた」という情報まで伝えている。**英語を正しく読むためには「表現の正しさ」を判断する知識だけでなく，「その表現が使われている意図」を理解する知識が必要である。**

2 道具としての知識を適切に引き出し，再構成する

　英語を「読む」活動の特性を，別の側面から考えてみよう。逐次的に音声が与えられるリスニングと異なり，リーディングではある程度まとまった英文が一度に提示される。私たちはそれを自分のペースで解釈していくことができる。すらすらと読めるのが理想であろうが，慣れないうちはゆっくりと，文の構造を把握しながら読み進めていくのがよい。その際，なるべく左から右へと一方通行で読んでいき，流れに逆行する「返り読み」は避けるのがコツである。普段私たちは，日本語を左から右，上から下へと読んで，いちいちもとに戻ったりしないはずである。それと同じように，たとえゆっくりであっても，母語話者が英語を読むのと同じ頭のはたらかせ方を意識することで，リーディング力は向上する。その作業を無意識にできるようになったとき，あなたの英語読解力は本物になっているであろう。

　では，英語を読んでいく際の頭のはたらかせ方とは，どのようなものであろうか。例として，不定詞を取り上げよう。多くの読者は，不定詞には「名詞用法」「副詞用法」「形容詞用法」の3つがあると学校で習ったことと思う。(4)の不定詞は，どの用法にあてはまるだろうか。

(4) To know is one thing, and to do is quite another.

ふつうの英語教師は「この不定詞 to know は名詞用法なので，『知っていること』と訳します」と教えてしまう。たしかにその通りである。しかし問題は，**なぜこの不定詞が名詞用法であると判断できるかである**。英語が読めない学習者は，そこが知りたいのだ。(4)の to know が名詞用法であるという結論にたどり着くプロセスを分解すると，次のようになる。

(5) a. 不定詞が文頭に現れているということは，名詞を後置修飾する形容詞用法ではない。したがって，名詞用法か副詞用法である。

　　b. 副詞用法であれば，is の前に文の主語が現れるはずだが，この文では現れていない。

　　c. ということは，to know はそれ自体が文の主語として機能する名詞用法であり，「知っていること」と解釈するのが正しい。

この推論を，英語の母語話者は高速かつ無意識に行っている。私たちは，頭の中の文法カタログからその場に合った知識を「読む」行為の中で適切に引き出し，上のような推論で道具として活用することを心がけたい。

　また，「名詞用法」「副詞用法」「形容詞用法」という区別があまり意味をなさない場合もある。次の to study abroad はどの用法であろうか。

(6)　a. She decided to study abroad.
　　 b. She made a decision to study abroad.

(6a)の to study abroad は，decided の目的語として機能する名詞用法に分類される。他方で(6b)の不定詞は，しいていえば名詞 decision を修飾する形容詞用法ということになるだろう。しかし，この2つの不定詞が別々の用法であるという感覚は，おそらく英語の母語話者にはない。むしろ「動詞 decide が不定詞を従えることができるので，関連する名詞 decision にも不定詞が後続できる」と捉える方が，彼らの感覚に即していると思われる。ここで大事なのは，(6a,b)の不定詞を「名詞用法」または「形容詞用法」へと分類することではなく，その分類をいったん解体し，decide/decision がとりうる構文という観点から再構成することである。**文法的な用語や概念は，英語を正しく読むための便利な道具であると同時に，道具であるにすぎない。**学習者としては，文法を深追いしすぎて手段が目的に取って代わってしまわぬよう注意したい。

　まとめ　文法を知っていることと，読解に活用できることの間にはギャップがある。両者の溝を埋めるには，以下の点に留意すべし。

　(1) ある表現の正しさを判断する知識だけでなく，その表現が使われている意図を理解できる知識を身につける。
　(2) 英文を左から右に読みながら，関連する文法知識を引き出す。
　(3) 文法的な用語や概念は便宜上のものであることを理解し，必要に応じて再構成する。

1.2 動詞に注目して読む
述語がとる構文パターン

> 文法構造を解く手掛かりはどこに求めたらよいのか。答えは述語動詞である。
> （安井 稔『英語とはどんな言語か』pp.43-44）

英語を読むときには「主語と動詞」をみつけながら読むとよい，そんなふう
に習った人は多いであろう。たしかにその通りである。では，主語と動詞では
どちらが大事だろうか。答えは動詞である。動詞が決まれば，それに必要な要
素がおのずと定まる。たとえば，study「学ぶ」という行為には「学ぶ人」と
「学ぶ内容」が最低限必要である。そのように考えると，主語は動詞が求める要
素の1つにすぎないことがわかる。ちなみに，主語は英語で subject というが，
その語源は「下に投げられたもの」である。日本語の「主語」よりも英語の
subject の方が，動詞に付き従うイメージをよく表している。文の基本構造を決
定する司令塔が動詞，より正確には述語動詞である。動詞以外にも，ある種の
形容詞や名詞が述語としてはたらくことがあるが，ここでは述語の代表として
動詞を取り上げ，「動詞に注目して読む」とはどういうことかを考えたい。

1 動詞は構文パターンとともに理解する

あらゆる動詞は，どのような種類の要素をいくつ必要とするかについて，個
別に定められている。例として，plan, dash, believe という3つの動詞を取り上
げよう。(1) では，述語動詞を斜体で表し，各々の動詞が要求する必須要素を角
括弧で囲っている。何も処置が施されていない部分は随意的要素（いわゆる副
詞類）である。

(1)　a.　[We] *planned* [a trip to Okinawa] last year.
　　　b.　Suddenly, [Taro] *dashed* [into the room].
　　　c.　[Everyone] sincerely *believed* [that Taro is a great musician].

動詞に後続する角括弧部分が必須であることは，これらを削除した (2) がいずれ
も文として成立しないことから明らかである。

(2) a. *We planned last year.

    b. *Suddenly, Taro dashed.

    c. *Everyone sincerely believed.

学校文法の5文型ではdashに続くinto the roomは修飾要素として扱われるが，(2b)が非文であることからわかる通り，「どこにダッシュしたか」はdashという動詞にとって必須の情報である。

　このように，ある動詞にどのような要素が必要かは，動詞の意味から類推できる場合もあるが，必ずしもそうでないことも多い。理論言語学では，項構造あるいは下位範疇化特性という概念によって，これを捉えている。では，学習者は動詞の項構造をどうやって確かめればよいのだろうか。そこで登場するのが辞書である。上の動詞を英和辞典で引くと，(3)のように記載されている。

(3) a. plan: 〈人が〉《事・人などのために》〈行動など〉の計画［予定］を立てる，案を練る (*out*)《*for*》

    b. dash: ［〜＋副］〈人・車などが〉(突然) 急いで行く，突進する，疾走する (!副 は方向・場所の表現)

    c. believe:【believe (that) 節】…ということを信じる

(『ウィズダム英和辞典』第4版，一部改変)

(3a)では plan が主語として〈人〉をとり，目的語には〈行動など〉を表す語がくることが，語義の選択制限の形で示されている。また，構文パターンが文型表示で示されている場合もある。(3b)では dash に方向や場所の表現が必須要素として後続することが［〜＋副］と注釈によって明示され，(3c)では重要文型として【believe (that) 節】が与えられている。

　以上から，**読解力を上げるためには動詞を構文パターンとともに理解するのが重要**であることがわかっていただけるだろう。動詞によっては構文により異なる意味を表すこともあるので，英語を読んでわからない動詞に出会ったら，その構文パターンを手がかりに辞書で調べよう。**文構造の司令塔である動詞をおさえることが，文全体を理解するための近道**である。

2　動詞の構文パターンを意識しながら読む

　リーディングにおいて動詞の構文パターンに関する知識がどのように活用できるかを，具体例で考えていこう。たとえば，英文を頭から読んでいったときに(4)のような語の連続が現れた場合，that 節はどのように解釈されるだろうか。

(4)　I don't believe the rumor that he spread ...

ここから考えられる可能性は次の2つである。(i) that 節は rumor「うわさ」の内容を述べる同格節。(ii) that 節はその「うわさ」についての説明を補足する関係節。どちらの推論が正しいかは，(4)の後にどのような要素が現れるかで決まる。

(5)　a. I don't believe the rumor [that he spread <u>the liquid</u>].　　　　（同格節）
　　　b. I don't believe the rumor [that he spread <u>yesterday</u>].　　　　（関係節）

前提知識として，spread が「…を広める，ばらまく」という意味を表す他動詞であることを知っていれば，(5a)の that 節が「彼が液体をばらまいたという（うわさ）」を表す同格節であり，他方で(5b)の that 節が「彼が昨日広めた（うわさ）」と解釈される関係節であることが導かれる。なぜなら，(5a)の the liquid が拡散される「物」である一方で，(5b)の yesterday は随意的な「時」の表現だからである。言い換えると，(5a)の he spread the liquid では動詞の要求する必須要素である「ばらまいた人」と「ばらまかれた物」がそろっているのに対し，(5b)の he spread yesterday では「何をばらまいたのか」が表されていない。そこで，本来あるはずの目的語が，(6)のように関係代名詞として移動したのではないかという推論がはたらく。

(6)　I don't believe the rumor [that he spread yesterday].

このような「本来あるべき要素がない」という感覚は，動詞の構文パターンを意識することで身につけることができる。

　次に，主語と述語動詞の後に(7)のような表現が後続する英文の流れを考えて
みよう。

(7)　S V what she said.

この what she said には，「彼女が何を言ったか」という間接疑問文の解釈と「彼
女が言ったこと」という自由関係節（先行詞を含む関係節）の解釈がありうる
が，V がどのような動詞であるかによっていずれか一方に定まることが多い。

(8)　a. I wonder [what she said].　　　　　　　　　　　　　　　　（間接疑問文）
　　　b. I don't believe [what she said].　　　　　　　　　　　　　（自由関係節）

wonder は，その意味からも想像できるように間接疑問文を従える代表的な動
詞である。念のため辞書でも確認すると，たしかに wh 節をとることを示す文
型表示が与えられている。

(9)　wonder:【wonder wh [if] 節】（好奇心・不安・疑いを持って）…かしら（と思う）
　　　　　　　　　　　　　　　　　　　　　　　　（『ウィズダム英和辞典』第 4 版）

他方で，believe には that 節が後続することはあるが，間接疑問文は現れない
（(3c)を参照）。ただし，I don't believe his words. のように名詞句を目的語と
してとることはできる。したがって，(8b)の what she said は先行詞の名詞句
を含んだ自由関係節であることがわかる。このように，**動詞の構文パターンを
意識することで，曖昧な語の連続を正しく解釈することができる。**

まとめ　英文読解では「述語動詞とその必須要素」が文の意味を把握する最小単位
（＝骨格）となる。

　（1）単語を覚える際には，動詞は構文パターンとセットでその意味を理解す
　　　るよう心がける。そのために辞書を活用するのが有効である。
　（2）動詞の必須要素がわかれば，同格節と関係節，間接疑問文と自由関係節
　　　など，形が似ていたり解釈が曖昧だったりする表現を識別できる。

1.3 長い文を理解する
文の入れ子構造

> 言語は,相互に作用し合いしばしば複雑な構造を形成する単純な原理にもとづいている。
> (ノーム・チョムスキー『ミニマリスト・プログラム』p.200)

多くの英語学習者が直面する課題として,「長文が読めない」という悩みがある。一括りに「長文」というが,この語は性質の異なる2つのものを表すので注意が必要である。1つは「たくさんの文からなる長い文章」のことであり,もう1つは「数行にわたる長い文」のことである。用語を整理しておくと,「文」が大文字で始まってピリオド(.)や疑問符(?),あるいは感嘆符(!)で終わる語の連続を指すのに対し,「文章」は複数の「文」から構成される,ひとまとまりの考えを述べるテキストのことである。普段はあまり意識しないかもしれないが,言語学的にはこの2つは厳密に区別される。本節では,まず「長い文」の読み方について考えてみよう。なぜなら,より小さな単位である「文」を理解できないまま「文章」の意味がわかるなどというのは,原理的にありえないからである。「長い文章」の読み方については 1.9 節と 1.10 節で扱う。

1 長い文は入れ子構造をなしている

はじめに,長い文の成り立ちをみていこう。1.2 節では,文構造が動詞のとる構文パターンによって決定されることを学んだ。ふたたび例をあげると,(1a-c)はいずれも述語動詞とその必須要素のみからなる単純な文である。述語動詞がイタリック,必須要素が角括弧で表されている。

(1) a. [They] *planned* [a trip to Okinawa].
    b. [I] *heard* [the plan].
    c. [I] *asked* [them] [to take me with them].

長い文は,このような単純な文を組み合わせてできている。まず,接続詞 that を使って(1b)の目的語 the plan を(1a)で置き換えてみよう。すると(2)ができる。

(2) [I] *heard* [<u>that</u> [they] *planned* [a trip to Okinawa]].

ここでは，that 以下の部分が heard の目的語の一部としてはたらいている。さらに時を表す接続詞 when によって(2)を(1c)と結びつけると，(3)ができあがる。

(3) <u>When</u> [I] *heard* [<u>that</u> [they] *planned* [a trip to Okinawa]], [I] *asked* [them] [to take me with them].

小さな文が接続詞によって組み合わされることで，より大きな文へと成長していく様子がわかる。大きな文に組み込まれた小さな文のことを「節」とよぶ。(3)の節構造を単純化して示すと，(4)のようになる。

(4)

$$\boxed{\text{when節} \quad \boxed{\text{that節}} \quad \text{主節}} \ = \ \text{文}$$

このように，長い文は節の入れ子構造をなしているのである。(4)のような埋め込みを繰り返していくことで，原理的にはどれだけ長い文もつくれるし，これまで誰も言ったり書いたりしていない新しい表現を生み出すことができる。これは英語に限らず，人間の言語を特徴づけるもっとも根源的な特性であると考えられている。

　英語を読む際には，上の(1)〜(3)で複雑な文をつくったのと逆の操作を行えばよい。つまり，長い文を小さな節に分解すればよいのである。そのために必要な知識は，大きく2種類に分けられる。

(5) a. 語の意味や動詞の構文パターンなどに関する語彙的知識
　　 b. 接続詞や関係代名詞など，節の結合の仕方に関する知識

述語動詞 hear, plan, ask がどのような構文をとるか，そして接続詞 when と that がどのようなはたらきをするかを知っていれば，(3)を理解できる。英語における接続詞や関係代名詞の数は限られているので，その用法をきちんとおさえておけば，どんなに長い文でもおそれることはない。つまり，**有限個の文法知識をマスターすることで，無限の表現を解釈できるのである。**

2 長い文を解釈するための頭のはたらかせ方

前項で「長い文は小さな節に分解すればよい」と述べたが，実はこれには1つ問題がある。(4)で示したように，長い文は小さな節の入れ子構造をなしているが，このような「立体的な」構造の切れ目は実際の英文には入っていない。私たちは英文を左から右へと読んでいく中で，(4)のような構造を読み取っていかなければならないのである。このことを，実例を通して考えてみよう。(6)は，ある言語学入門書の冒頭部分からの引用である。

(6) The major perspective we adopt in this book regards a language as a *cognitive* system which is part of any human being's mental or psychological structure.

(Radford *et al.* (2009：1)；斜体は原著)

この文を頭から順に解釈しながら，節の境界をみつけてみよう。なお，以下では(4)の入れ子イメージを丸括弧で表すことにする。

冒頭，The major perspective の後に we がきたところで何か「引っかかり」を感じないだろうか。**通例，単一の節の中で名詞と主格代名詞が連続することはない。**そこから，この2つの要素は(7)のように目に見えない節境界で区切られていると考えられる。

(7) The major perspective（we adopt …

we から始まる節が関係代名詞の省略された関係節であることは，他動詞 adopt の後に本来あるはずの目的語がないことからわかる（1.2節2項参照）。頭の中で行っている解釈に日本語訳を与えるならば，「私たちが採用する主たる観点」となる。

さらに読み進めていくと，in this book と regards の間でふたたび「引っかかり」が感じられるはずである。**regards は述語動詞であるが，前置詞句である in this book がその主語になるはずはない。**ということは，we から始まる関係節がここで途切れ，The major perspective から book までの大きな名詞句が regards の主語になっていることがわかる。

(8) The major perspective (we adopt in this book) regards ...

丸括弧が閉じられ，文の流れが主節に戻ってきた。

　さらに読み進めよう。regard が [regard A as B] という構文をとることを知っていれば，regards a language as a *cognitive* system を「言語を認知システムとみなす」と解釈できるはずである。その次の **which は節境界を明示する関係代名詞である**。ふたたび，文の流れは埋め込み節へと入る。

(9) The major perspective (we adopt in this book) regards a language as a *cognitive* system (which ...

which 以下の部分については，引っかかりが感じられたり明示的な接続詞が現れたりしている箇所はない。一気に最後まで行って関係節が閉じられるとともに，ピリオドによって文もここで終わる。

(10) The major perspective (we adopt in this book) regards a language as a *cognitive* system (which is part of any human being's mental or psychological structure).

文全体の解釈は，「私たちが本書で採用する主たる観点によれば，言語はあらゆる人間の精神的ないし心理的構造の一部をなす認知システムとみなされる」となる。

まとめ　(1) どんなに長い文であっても，述語動詞を中心とする単純な節の入れ子構造へと分解することができる。
(2) 英文を頭から順に解釈していく際には，次のような箇所に注目して節の境界をみつける。
・接続詞や関係代名詞などの明示的な標識
・単一の節の内部ではみられない語の連続（いわゆる「引っかかり」）

1.4 既出の情報を復元しながら読む
省略現象と代用表現

> 代名詞が代わりをするのは，名詞ではなく，名詞句である。
> （安藤貞雄『現代英文法講義』p.425)

　英語のテストでは，「can't の後に省略された内容を補って下線部の英文を訳せ」とか「下線部の代名詞 it は文中の何を指すか」といった問題がよく出題される。このような設問には賛否両論あるだろうが，英語をなんとなく読んでいるだけでは解けないので，学習者が英文を本当に理解しているかを確かめるのに有効な方法には違いない。では，英語の母語話者はなぜこのような省略や代名詞を難なく理解できるのだろうか。それは，文中で代用表現をみつけたり何かが省略された箇所に出会ったりしたときに無意識に前方を参照して，すでに与えられている内容を補って解釈しているからである。要素の省略や代用表現による置き換えのメカニズムについては，理論言語学で多くの研究がなされており，その知見は非母語話者が英語を読む際にもきっと役立つはずである。そこでこの節では，英文読解の観点から省略現象と代用表現の特徴を紹介したい。

1 省略は必ず先行詞をもつ

　既出の情報が省略されている文章の例として，(1)を考えてみよう。これは医療に関する新聞記事であり，文中の「私」は医師である。

(1) I was fully aware that my job was to have open and honest communication with her in a patient centered manner. But I couldn't.

（*New York Times* March 27, 2012,　一部改変）

さて，「私」は何ができなかったのだろうか。I couldn't の後に省略されているのは have から manner までの部分であり，省略箇所を取り消し線によって表示すると(2)のようになる。

(2) I was fully aware that my job was to [have open and honest communication with her in a patient centered manner]. But I couldn't ~~have open and honest~~

communication with her in a patient centered manner.

動詞 have から始まる同一の表現が2回現れているが，繰り返しを避けるために実際の文(1)では2回目が省略されている。(2)の角括弧で囲まれた部分を省略の「先行詞」とよぶ。**省略箇所の近くには必ず先行詞が存在するので，それをきちんと特定しさえすれば，目に見えない要素を正しく解釈することができる**。この文章の「私」ができなかったのは，「患者中心の態度で，彼女とオープンで誠実なコミュニケーションをとること」である。

　ただし，省略された表現が先行詞と形式または解釈の面で完全に同一にならない場合もある。

(3) a. Peter [saw your parents] last week, but he hasn't ~~seen your parents~~ since.
　　b. Taro's coach [thinks he has a chance], and John's coach does ~~think he has a chance~~, too.

(3a)の省略箇所は完了形 seen your parents であるが，先行詞は過去形 saw your parents である。このように省略された表現に動詞の変化形が含まれている場合，先行詞は必ずしも同じ変化形であるとは限らない。また，(3b)は省略箇所について2通りの解釈がありうる。1つは「太郎のコーチは太郎にチャンスがあると考えており，ジョンのコーチも太郎にチャンスがあると考えている」というもので，先行詞と省略箇所で he は同じ人物を指している。これを**厳密な同一性の解釈**という。もう1つは「太郎のコーチは太郎に，ジョンのコーチはジョンに，それぞれチャンスがあると考えている」というものであり，先行詞と省略箇所で he の指している人物が異なる。これを**ゆるい同一性の解釈**という。動詞の変化形や代名詞の解釈に関して先行詞と省略箇所の間にどの程度の「ゆらぎ」が許されるかという問題は，言語学的に完全に解明されているわけではない。しかし学習者としては，省略箇所が先行詞をもつことを理解しておけば十分である。厳密な同一性とゆるい同一性の**どちらの解釈が正しいかは，前後の文脈から判断する**ことができるだろう。

　なお，(1)～(3)の例からわかるように，動詞を含む表現が省略される場合は，その直前に助動詞が現れて時制を担っている。ほかに適切な助動詞がないときは，(3b)のように do が用いられる。

2 代名詞は先行詞をもつとは限らない

英語にはさまざまな代用表現があるが，代表的なのが(4a)の代名詞，(4b)の代動詞，そして(4c)の代用副詞である。

(4) a. [The English teacher] said that Taro depended on **him**.   (代名詞)
     b. Mary asked me to [help her], and I **did so**.   (代動詞)
     c. John is [good at soccer] and **so** is his young brother.   (代用副詞)

いずれの例でも太字語句は角括弧で標示した句を先行詞にとっており，この点で代用表現は省略と似た性質をもっている。しかし代用表現，とくに代名詞の解釈には注意すべき点がいくつかある。第一に，代名詞が参照できる先行詞には一定の制限がかかる。すなわち，**代名詞が動詞の目的語である場合，その主語を先行詞とすることはできない**。たとえば(4a)で，him は同一節中の主語である Taro を指しているとは解釈できない(その場合は himself を用いる)。him の先行詞になれるのは the English teacher か，この文では言及されていない別の誰かである。

　第二に，代名詞は必ずしも先行詞をもつとは限らない。典型的な例は，(5)にみられる人称代名詞 it の用法である。

(5) Last night, we got together for the first time since graduation. The dinner was delicious and we talked a lot with each other. **It** was great fun.

三人称単数を表す it の先行詞となりうるのは graduation と dinner であるが，いずれもふさわしい解釈は得られない。むしろこの場合，it は先行する文脈で描写されている状況を漠然と指していると解釈するのが妥当だろう。ここからわかるように，必ず先行詞を必要とする省略現象とは異なり，**代名詞は明確な言語的先行詞をもたない場合がある**。先行詞のない代名詞のほかの例として，不特定の人々を指す we, you, they の用法もあげられる。

　第三に，現代英語では複数代名詞 they の新たな用法が確立しつつある。(6)を考えてみよう。

(6) High schools usually issue the necessary textbooks for assignments, but if a student is working on a research project, **they** may need a ride to the library or access to encyclopedias.

(http://mathandreadinghelp.org/articles/Helping_High_School_Students_
with_their_Homework；2020 年 2 月 12 日閲覧，一部改変)

ここで they は，複数形の high schools や textbooks や assignments ではなく，単数形の a student を指している。伝統的には，性別不明な単数の人物を代名詞で受ける場合には he が用いられた。近年では性差別を感じさせないように he or she や s/he といった表現も提案されてきたが，定着するには至っていない。むしろ，人を表す単数名詞を they で受ける用法が広まっている。この用法を「**単数形の they（singular *they*）**」という。先行詞が everyone や each＋名詞のように意味的に複数と解釈されやすい場合に多くみられるが，a student のような不定冠詞＋単数名詞を先行詞にとることもある。ここから，現代英語では代名詞 they が単数形としての用法を確立させつつあるといえるだろう。つまり，英語の三人称代名詞は(7)のように使い分けられていることになる。

(7) 英語の三人称主格代名詞

単数				複数
人			物	they
男性	女性	未指定		
he	she	they	it	they

英語の文章で代名詞 they に遭遇して複数形の先行詞がみあたらない場合には，それが「単数形の they」である可能性を疑ってみる必要がある。

 まとめ
(1) 省略された要素は，先行詞をみつけることで正しく解釈できる。
(2) 代用表現も先行詞を同定するのが基本であるが，次の点に気をつける。
・目的語代名詞は，同一節中の主語を先行詞にとれない。
・代名詞は必ずしも先行詞を必要としない。
・代名詞 they は，性別不明の単数人物を先行詞としてとることがある。

1.5 その not は何を否定しているか
否定の作用域と焦点

> 作用域は、統語論の構成素構造に対応する意味論的概念である。
> （ロドニー・ハドルストン、ジェフリー・K・パルム
> 『前置詞と前置詞句、そして否定』p.154）

　否定語 not が現れる文は中学校で習う基本事項である。通例「…でない」という日本語に置き換えて訳すことができるので、それほど難しくないだろうと思うかもしれない。しかし、英文読解では否定文の解釈が文意を正しく捉えるためのカギとなることが少なくない。たとえば、All the members did not agree with John's proposal. という文では、ジョンの意見に賛成した人はいたのだろうか、それともいなかったのだろうか。また My father does not go jogging in the morning. という文で否定されているのは、「私の父が行くこと」だろうか、「ジョギングに行くこと」だろうか、それとも「朝行くこと」だろうか。前者は否定の「作用域」に関する問題であり、後者は「焦点」にかかわる現象である。否定の作用域と焦点については理論言語学において膨大な研究成果が蓄積されている。ここでは、実際に英文を読む際に頻出する現象に絞って読解のコツを解説したい。

1 　否定と副詞・数量詞の相対的作用域

　はじめに、否定語と副詞の語順が解釈にどのような影響を与えるかを(1)の例から考えてみたい。

(1)　a. John did <u>not</u> <u>intentionally</u> break the rule.　(not > intentionally)
　　 b. John <u>intentionally</u> did <u>not</u> break the rule.　(intentionally > not)

これらの文の表面上の違いは否定語 not と副詞 intentionally の語順だけであるが、その解釈は大きく異なる。(1a)が「ジョンはその規則を意図的に破ったわけではない」という意味であるのに対し、(1b)は「ジョンがその規則を破らなかったのは意図的である」という意味である。つまり、ジョンは(1a)では規則を破っているが(1b)ではそうではない。この解釈の違いは、前者では not が

intentionally を自分の勢力範囲に含んでいるが，後者では逆に intentionally が not を支配下に置いていることから生じている。この勢力範囲は「作用域」とよばれる。**通常，否定語 not と副詞の関係では語順がそのまま作用域に反映される。**(1) では両者の作用域関係が不等号記号「>」によって表されている。いずれも，左側の要素が右側の要素を作用域にとっている。

　しかし，否定語 not が all や many，そして every などの数量を表す語（これを数量詞とよぶ）とともに生じる場合には，語順と解釈は必ずしも一致しない。冒頭に紹介した例を (2) に繰り返すが，この例は not と all の相対的作用域に関して曖昧である。

(2) <u>All</u> the members did <u>not</u> agree with John's proposal. (all > not, not > all)

数量詞 all が not よりも広い作用域をとると「メンバーの誰もジョンの提案を支持しなかった」という解釈になり，逆に not が all よりも広い作用域をとると「メンバー全員がジョンの提案を支持したわけではなかった」となる。学校文法では前者の解釈を全部否定，後者の解釈を部分否定とよぶことが多い。話しことばにおいては，文末が全部否定では下降調，部分否定では下降上昇調になり，2 つの解釈をイントネーションで区別することができる。しかし，読解ではイントネーションを手がかりにすることはできない。したがって，**否定語 not と数量詞の相対的作用域は前後の文脈に基づいて判断しなければならない。**たとえば，(2) に He decided to carry out his plan by himself.（彼は自分の計画を 1 人で実行することを決意した）という文が後続すれば，賛成した者が誰もいなかったことが明らかになり，(2) は全部否定の解釈で定まる。

　なお，(3) のように否定が接頭辞によって表されると，数量詞が広い作用域をとる全部否定の解釈しかない。

(3) <u>All</u> the members <u>dis</u>agreed with John's proposal. (all > disagree)

接頭辞 dis- はあくまで語の一部であり，その範囲を越えて all を作用域に含むことはできない。言い換えると，表面の語順と解釈が逆転する (2) の部分否定のような現象は，否定が独立した語によって表される場合に限られるのである。

2　否定の焦点と文の解釈

　英文を正しく読むためには，副詞や数量詞との相対的な作用域以外にも，not
が「どこを否定しているか」を判断しなければならないことがある。冒頭にあ
げた例で考えてみよう。

(4)　My father does not go jogging in the morning.

一般に助動詞の後に置かれる否定語 not は節全体を作用域としてとることがで
きる。しかし，当該の節全体が等しく否定されるとは限らない。(4)において作
用域のどこが否定の対象（つまり焦点）となるかは，(5a-d)のいずれの文が後
続するかで異なってくる。

(5)　a. It is John's father that goes jogging in the morning.
　　　b. It is my mother that goes jogging in the morning.
　　　c. He goes for a walk in the morning.
　　　d. He goes jogging in the evening.

(5a)は「朝ジョギングに行くのは（私ではなく）ジ・ョ・ン・の・父親だ」と述べてお
り，(4)において否定の作用域となっている意味内容のうち，my の部分だけに
否定の焦点が当たっていると判断できる。この場合，「誰かの父親が朝ジョギン
グに行っている」というところまでは否定されていない。同じように考えると，
(5b)が続く場合は father，(5c)が続くと jogging，(5d)が続くと in the morning
が，それぞれ(4)における否定の焦点として解釈される。話しことばでは，文の
一部を強く発音したりイントネーションを変えたりして否定の焦点を示すこと
ができる。たとえば(4)で my の部分を強く読むと，その部分だけを否定してい
ることを聞き手に伝えられる。しかし音声情報に頼ることのできない**読解にお
いては，否定文のどこに焦点が当たっているかは前後の文脈によって判断しな
ければならない。**

　読解において否定の焦点が問題になりやすい例として，because 節を含む否
定文がある。(6a,b)の第1文は同じであるが，その解釈は異なる（太字は否定
の焦点を示している）。

(6) a. Taro did <u>not</u> **go to the club activity** because he wanted to play with his friends. They enjoyed karaoke after school.

    b. Taro did <u>not</u> go to the club activity **because he wanted to play with his friends**. Actually, he practiced soccer very hard.

(6a)では「放課後にカラオケを楽しんだ」という文が後続しており，太郎は部活に行っていないことがわかる。したがって，第 1 文の否定の焦点は go to the club activity である。それに対し，(6b)では「サッカーを一生懸命練習した」という文が続いているので，太郎は部活に行っている。ここで否定されているのは，「友達と遊びたいので」という because 節の方である。しばしば，not ... because 〜 を「〜だからといって…ない」のようにある種の公式として日本語に置き換える読解法が見受けられるが，このような理解は正しくない。否定の焦点を決めるのは，あくまで前後の文脈である。

　ただし，not が because の直前に置かれている(7)では because 節が否定の焦点になる解釈しかない。

(7) Taro went to the club activity <u>not</u> **because he wanted to play with his friends**.

否定の焦点となるのは否定の作用域に含まれる要素の一部である。ここでは not に先行する went to the club activity はそもそも not の作用域に含まれておらず，したがって否定の焦点になれないのである。

まとめ

(1) 否定語と副詞の相対的作用域は，原則として語順をそのまま反映する。

(2) 否定文が数量詞を含む場合には，全部否定と部分否定で解釈が曖昧になることがある。

(3) 否定の作用域に含まれる要素の一部が否定の焦点となる。

(4) 全部否定と部分否定の決定，そして否定の焦点がどこに置かれるかは，文脈が決め手になる。

1.6 倒置に注目して読む
文の情報の流れ

> 英語では一般に，文中のある要素が文末に近い位置に置かれれば置かれるほど，その要素は新情報を表す。　　　　　　　　　（高見健一『日英語の機能的構文分析』p.75）

　英文を読んでいると，通常とは異なる語順に遭遇することがある。たとえば，場所の表現が文頭にある At our feet lies a valley. や否定表現が文頭に現れている Never have I seen such a beautiful scene. といった文である。このような現象は「倒置」とよばれる。読者の中には英語の授業で「倒置は強調のために引き起こされる」と習った記憶がある人もいるだろう。そのような理解は一面では正しいが，同時に不十分でもある。たしかにこれらの倒置はある種の強調効果をもたらしているが，上の2つの文では強調される部分が異なっている。具体的には前者では a valley に，後者では never に強調のスポットライトが当たっているのである。この違いが生じるのはなぜだろうか，そしてこれら2種類の倒置を統一的に説明することはできるのだろうか。このような問いに対して，本節では文の情報の流れの観点から考察を加えていくことにする。

1 場所句倒置は自然な情報の流れをつくる

　次の2つの例では，どちらの文章の流れが自然に感じられるだろうか。

(1) a. The orchestra played *Merry Christmas Mr. Lawrence*. Ryuichi Sakamoto composed <u>this work</u>.
　　b. The orchestra played *Merry Christmas Mr. Lawrence*. <u>This work</u> was composed by Ryuichi Sakamoto.

どちらの例でも，下線部 this work は第1文の *Merry Christmas Mr. Lawrence* を指しているが，(1a)ではイタリック部と下線部が離れているために，読み手は少し前をみて this work の内容を解釈しなければならない。他方で，(1b)では両者が文と文の境界で隣り合っているため，読み手は this work が何を指すかをただちに理解することができる。

　この例における this work のように文章の中ですでに言及されている内容を

旧情報とよび，composed by Ryuichi Sakamoto のようにはじめて出てくる内容を**新情報**とよぶ。(1a,b)の対比から，文レベルでの自然な情報の流れは(2)のように表すことができる。

(2) 自然な情報の流れ：旧情報 → 新情報

よく「英語では大事な情報が先に来る」といわれるが，それは文章レベルの話である（文と文章の違いについては 1.3 節を参照）。文の単位でみれば，すでに出てきた情報を文頭付近で引き継いでそこに新しい情報を継ぎ足した方が，読み手にとってわかりやすい。つまり，(2)の自然な情報の流れは情報を伝達する相手への配慮でもあるのだ。

　このことを念頭において，倒置文を含まない(3a)と前置詞句が文頭に倒置された文を含む(3b)を比較してみよう。第 2 文の下線は旧情報，囲みは新情報を，それぞれ表している。

(3) a. A tax increase causes consumption to decrease. A complex problem lies behind this apparent truth. The problem is ...
　　b. A tax increase causes consumption to decrease. Behind this apparent truth lies a complex problem. The problem is ...

いずれも「増税が消費の冷え込みを招くというのは一見したところ正しいが，その背後には複雑な問題が存在している」という文意を表している。どちらも文法的には間違いではないが，読み手にとってわかりやすいのは倒置を用いた(3b)である。第 2 文の前置詞句に含まれる this apparent truth は前文の内容を指し，そこに新情報として a complex problem を導入している。さらにその内容を具体的に述べる第 3 文でも，this problem が主語になることによって文頭で情報の引き継ぎを行っている。

　このように「旧情報から新情報へ」という自然な情報の流れをつくるための方策として，場所などを表す前置詞句が文頭に置かれた倒置が用いられる。英文読解でこのような構文に出会ったら，文頭に倒置された要素ではなく，それによって文末に残された要素の方に注目してほしい。書き手はその部分にスポットライトを当てている。

2　否定倒置は特殊な情報の流れをつくる

　倒置には(3b)のような場所を表す前置詞句の倒置だけでなく，(4)のような否定語句の倒置がある。先ほどと同様に，下線は旧情報，囲みは新情報をそれぞれ表している。

(4)　Last week, we went to enjoy the sunset view of Lake Shinji. **Never** had I seen
　　such a beautiful scene.

　場所句と否定語句という文頭要素の違いに加えて，(3b)と(4)には大きな違いが2点ある。1つは主語の直前に置かれる要素である。場所句倒置では本動詞が主語の前に置かれるが，否定倒置では助動詞が主語の前に置かれる。この点で，否定倒置は疑問文と類似している。もう1つは新情報と旧情報の配置である。(4)の表示からわかる通り，否定倒置では新情報が文の前半に置かれ，旧情報が文の後半に置かれる。これは(2)で示した自然な情報の流れとは逆行する語順である。

　実は，これこそが否定倒置がねらっている効果なのである。通例，英語では旧情報から新情報へと流れるような語順が選択される。この流れに逆行して文頭にいきなり新情報が現れる語順が提示されると，読み手は意表を突かれてしまう。結果として，文頭に置かれた要素が読み手に強く印象づけられることになり，強調の効果がもたらされる。このような特殊な情報の流れは(5)のように表すことができる。

(5)　特殊な情報の流れ：焦点（新情報）　→　前提（旧情報）

新情報の中でもとくに大事な情報を焦点とよぶ。(4)では，太字で表されているneverが焦点となっている。焦点に対応する概念は**前提**といい，旧情報と同様に読み手の知識の一部をなす。**否定倒置は，焦点を前置して特殊な情報の流れをつくる効果がある。**

　否定倒置と同じように特殊な情報の流れを利用したその他の構文に，いわゆる強調構文がある。この構文は it + be ☐ that/who ... というフレームをとり，☐ の部分に焦点となる語句が置かれる。例として，科学技術に関する以

下の２つの文を比較してみよう。

(6) a. Many scientists had been on the trail of cellular reprogramming, but Dr. Yamanaka finally got it to work first.

   b. Many scientists had been on the trail of cellular reprogramming, but it was **Dr. Yamanaka** who finally got it to work first.

(https://ipscell.com/2014/08/；2020 年 2 月 12 日閲覧，一部改変)

いずれも「多くの科学者が細胞リプログラミングを追い求めていたが，結局最初に成功したのは山中博士であった」という文である。(6a)では but 以下が通常の SVO 語順となっており，後半の節の先頭にある Dr. Yamanaka は旧情報の扱いである。したがって，この部分にとくに焦点が当たることはない。それに対して，(6b)では but 以下に強調構文が用いられている。it was ☐ who のフレームは，ここで(5)の特殊な情報の流れが採用されていることの目印であり，☐ の位置に置かれた Dr. Yamanaka に強調のスポットライトが当たっている。

　否定倒置や強調構文は，情報の流れの観点からは決して主流派の構文ではない。自然な情報の流れはあくまで(2)の「旧情報から新情報へ」である。その原則が確立しているからこそ，読み手の意外性をねらった(5)の特殊な情報の流れが効果をもつのである。言い換えれば，文章の書き手は「ここぞ」という場面において否定倒置や強調構文を繰り出してくる。読み手の立場としては，これらの構文に出会ったら文頭付近の要素がとくに強調されていることを意識したい。

(1) 通例，英語の文では「旧情報から新情報へ」という原則に従って要素が配列されている。

(2) 場所句倒置は，自然な情報の流れをつくるための方策である。その場合，重要な情報は倒置によって文末に残された方の要素が担っている。

(3) 否定倒置や強調構文は，焦点を文頭付近に置くことで特殊な情報の流れをつくり，読み手に印象づける効果をねらった構文である。

1.7 単語の意味を推測して読む
接辞の機能と多義語の理解

> われわれの思考，知覚，行動，言語活動にとって，カテゴリー化ほど基本的なものはない。
> （ジョージ・レイコフ『認知意味論』pp.5-6）

　ここまで，主に文のレベルで英語の文章を読むコツを解説してきたが，この節ではより小さな単位，すなわち単語に注目してみたい。英語の文章を読んでいて知らない単語に出会った経験は誰にでもあるだろう。英語母語話者でない私たちにとって，辞書に載っているすべての英単語とその意味を覚えるのは不可能といってよい（それどころか，母語話者でもそのような人はいないに違いない）。つまり，英文を読むときには「知らない単語が一定数含まれている」という前提で文意を理解しなければならない。また，たとえ見たことがある単語でもそれが自分の知っている意味で使われているとは限らない。前後の文脈から，ある単語がどのような意味を表しているかを正しく推測しなければならない。そこでこの節では，接頭辞や接尾辞に注目して初見の単語の意味を推測したり，単語の中心義を頼りに文脈に応じて正しく解釈したりする方法を考えてみたい。

1 接辞から単語の意味を推測する

　次の文は，ある科学記事から抜粋したものである。

(1) A *bioinformatician*'s goal is to develop new biological insight with help from the computer analysis of data.

斜体部の bioinformatician はどのような意味であろうか。その専門分野になじみのない読者にとっては，はじめて見る単語かもしれない。しかしそのような**初見の単語でも，構成要素に注目することで全体の意味を推測することができる**。bioinformatician は，以下の4つの「部品」から構成されている。

(2) a. bio-　　　　　　b. informat(ion)

　　c. -ic(s)　　　　　d. -ian

複雑な単語の中心を**語幹**とよぶ。ここでは「情報」を表す名詞 information に
関連した informat が語幹である。これに前から**接頭辞** bio- が，後ろから**接尾辞**
-ic(s) と -ian が，それぞれ付加している。biology「生物学」という単語を知っ
ていれば，bio- が生物や生命に関係する意味を表すことは想像できるだろう。
また，-ic(s) は economics「経済学」や politics「政治学」のように学問領域を
表す接尾辞であり，-ian は magician「手品師」や musician「音楽家」のように
ある分野の専門家を表す接尾辞である。これらを足し合わせると，bioinforma-
tician が「生命情報科学者」を意味していると正しく推測できる。(1)は全体と
して，「生命情報科学者の目的は，データのコンピュータ分析を援用しながら新
たな生物学的知見を得ることである」と解釈される。

　このように，**接辞の知識を増やすことによって読解のための語彙を効果的に
強化する**ことができる。その際，接頭辞については「どのような意味を表して
いるか」と「どんな相手に付加するか」，また接尾辞についてはこの2点に加え
て「どんな品詞を派生させるか」をおさえておく必要がある。(2)の接辞につい
てまとめると(3)のようになる（接辞の綴りは付加する相手によって変化する
が，ここでは辞書の見出し形で示す）。

(3)

接辞	意味	付加する相手	派生させる品詞	例
bio-	生命，生物	名詞・形容詞		biology biography
-ics	…学，…論	名詞的語幹	名詞	economics politics
-an	…の専門家	名詞	名詞	magician musician

ここで用いられている -ics と -an は付加する相手の品詞的特性を変えないが，多
くの接尾辞は品詞を変化させる。たとえば，「…のない」を意味する -less は名
詞あるいは動詞に付加して valueless「無価値な」や tireless「疲れを知らない」
といった形容詞を派生させる。1.3節で指摘したように，このような品詞情報は
単語が文の中でどのような役割を担っているかを把握するうえで非常に役立
つ。

2　中心義から多義語の意味を推測する

　単語の意味を推測しなければならないのは，それが初見のものである場合に限らない。ほとんどの単語は複数の意味をもっているため，文脈に応じて正しく解釈しなければならない。(4a, b)で斜体になっている line と hand はどのような意味で使われているだろうか。

(4)　a. If we follow this *line* of reasoning, we are forced to give up our original plan.

　　 b. The manuscript is written in a neat *hand*, but the size of the *hand* decreases towards the end.

(4a)は「もしこの一連の推論に従えば，私たちは当初の計画を諦めなければならない」と訳すことができる。また(4b)は「その原稿はきれいな筆跡で書かれているが，最後にいくにつれて文字が小さくなっている」と解釈される。英和辞典で line と hand を調べてみると，たしかにこれに相当する意味が載っている。

(5)　a. line:　(思考・行動の)方法，指針；[～s] (大まかな)方針・考え方

　　 b. hand:《文》[通例 one's [a] ～] 筆跡 (handwriting)

しかし，辞書でこれらの語義にたどり着くのは容易ではない。『ウィズダム英和辞典』第4版では，(5a)は line の17番目の意味として，そして(5b)は hand の12番目の意味として掲載されている。line や hand のような基本語は多くの意味をもつ**多義語**でもあるが，1つ1つの多義語について(5a, b)を含む多くの意味をすべて覚えるのは，非効率的であるばかりでなく非現実的でさえある。

　そこで，英文を読む際はなるべく辞書を引かずに単語のもっとも中心的な意味，すなわち**中心義**からの連想によって文脈に応じた意味を推測していくことになる。(4a, b)における line と hand の意味は，(6)のような連想から得ることができる。

(6)　a. line:「線」⇨ (線状に連なっているもの) ⇨「一連の流れ」

　　 b. hand:「手」⇨ (手によって書かれたもの) ⇨「筆跡・文字」

line の語源は「リンネル（linen）の糸」であり，そこから中心義の「線」を表すようになった。そしてこの中心義がもつイメージから，さまざまな線状に連なっているものを表すことができる。(4a)では直後に reasoning という語があることから，a line of reasoning で「一連の推論（の流れ）」を意味していることがわかる。また hand は「手」そのものだけでなく「はたらき手」や「腕前」など，手の延長線上にあるさまざまな意味を表すことができる。(4b)では直前にある manuscript がヒントになって，手によって書かれたもの，すなわち「筆跡・文字」だと推論できる。

このような拡張された語の意味は，比喩表現の一種とみなすことができる。line の「一連の流れ」のように中心義のイメージに基づく比喩を**メタファー（隠喩）**という。また，hand の「筆跡・文字」のように中心義を空間的ならびに時間的，あるいは因果関係的に延長させることで得られる比喩を**メトニミー（換喩）**という。比喩というと文学的な修辞技巧のことと思われがちだが，比喩のはたらきは決してそれにとどまらない。メタファーやメトニミーは，私たちが外界や概念を捉えてある種の共通性を見出す認知の仕組み（これをカテゴリー化という）でも自然と用いられている。これによって語の意味が豊かになり，多義性が生じるのである。このような認知の仕組み，すなわちものの見方は英語でも日本語でもかなりの部分で同じはずである。したがって，**日本語の感覚も使ってうまく連想をはたらかせれば，文脈に応じて英語の多義語を正しく解釈することができる。**

まとめ 英文読解では単語の意味を推測しながら読む。

（1）未知の単語に出会ったら接頭辞や接尾辞に注目して，そこから単語全体の意味を類推する。

（2）多義語は，文脈をヒントに中心義のイメージから類推したり，中心義と隣接する意味を探したりして解釈する。

1.8 筆者の意図を意識して読む

さまざまなモダリティ表現

> 文副詞は共起している文との密着度が弱いものほど左側に位置し，強いものほど右側に
> 位置しなくてはならない。　　　　　　　　　（天野政千代『言語要素の認可』p.233）

コミュニケーションでは「何を伝えるか」よりも「どう伝えるか」の方が話し手の意図を雄弁に物語ることがある。たとえば，上司が「この仕事を君に任せたいのだが」と部下に打診したとしよう。部下が「私がやります」と答えたとき，それが自信に満ちた表情の場合と不安げな表情の場合とでは，上司の受け止め方はずいぶん違うのではないだろうか。このような発話者の主観的態度の表明を**モダリティ**という。話しことばでは表情などの非言語的手段によってモダリティを表すことができるが，文字ですべてを伝える書きことばではそれに頼ることができない。しかし，優れた書き手はさまざまな言語的手段を駆使して，メッセージの内容に対する自分の態度を読者に伝えようとしている。この節では，モダリティを表す代表的なものとして助動詞と副詞を取り上げる。これらを手がかりに，テキストの背後にある筆者の表情を想像しながら文章を読んでいきたい。

1 助動詞によるモダリティ表現

はじめに，次の2つの文を比べてみよう。

(1) a. If you do not change your dietary habits, there *may* be a serious risk of damage to your health.

b. If you do not change your dietary habits, there *must* be a serious risk of damage to your health.

いずれも「食生活を改善しないと深刻な健康被害が出ますよ」と読者に注意を促している文で，違うのはただ1カ所，助動詞が may か must かという点だけである。しかしこの1カ所の違いによって，2つの文から受ける印象はずいぶん異なったものになる。(1a)が「健康を害することになるかもしれませんよ」という程度の穏やかな注意であるのに対し，(1b)は「必ずや健康を害すること

になるでしょう」と強く警告している。助動詞の選択に書き手の思いの強さが
反映されているのである。

　may や must のような助動詞を**法助動詞**とよぶ。多くの法助動詞は2種類の
用法をもっている。1つは主語に対する「義務」や「許可」，あるいは主語の
「能力」などを表す**根源的用法**であり，もう1つが文の内容を話者がどれくらい
たしからしいと思っているかを表す**認識的用法**である。may と must の場合，
次のように整理して表すことができる。

(2)

助動詞	根源的用法	認識的用法
may	許可（…してよろしい）	可能性（…かもしれない）
must	義務（…せねばならない）	必然性（…に違いない）

法助動詞の2つの用法のうち，認識的用法が話者の主観的態度，すなわちモダ
リティを表している。ちなみに法助動詞は英語でmodal auxiliaryという。modal
と modality はもともと mood「気分」から派生した語である。まさに話し手や
書き手の気持ちを映し出す表現なのである。

　上の表では法助動詞の認識的用法に便宜上の日本語訳を与えているが，英語
のモダリティ表現を一対一で日本語に置き換えるのは難しい。主観的な気分は
決してデジタル的に割りきれるものではなく，アナログ的な連続体をなしてい
ると考えるのが実態に合っているだろう。したがって，法助動詞の認識的用法
も日本語に置き換えて解釈しようとせず，それぞれの法助動詞が表す確信度の
相対的強さによって理解するとよい。

(3) must > will > would > ought to > should > can > may > might > could
　　確信大　　　　　　　　　　　　　　　　　　　　　　　　　確信小

一番左にある must が文の内容に関する書き手のもっとも強い確信度を表し，
右に行くにつれて徐々に確信度が低くなっていく。**英文を読むときは認識的用
法の法助動詞に注目しよう。そこから，書き手が文の内容にどの程度の自信を
もっているかを推し量ることができる。**

2　副詞によるモダリティ表現

　次に，副詞 frankly が使われている2つの文を比べてみよう。

(4)　a. On the first day of the school, one of the classmates *frankly* spoke to me.
　　b. *Frankly*, Tom's presentation at the conference was far from satisfactory.

(4a)は「学校の初日にクラスメートの1人が気軽に話しかけてきた」という文
であり，(4b)は「率直に言って，トムの学会発表はまったく満足のいくもので
はなかった」というものである。同じ frankly という副詞が現れているが，そ
の解釈は異なる。(4a)では主語（one of my classmates）がどのように話しか
けてきたのかという「様態」を表し，文の客観的意味の一部を構成している。
それに対して，(4b)では書き手がどのような「態度」で文の内容を伝えようと
しているのかという主観的意味を表している。つまり，(4b)の frankly はモダ
リティ表現の一種である。
　話し手や書き手の主観的態度を表す副詞として，ほかに(5)のようなものがあ
る。

(5)　a. apparently（たぶん），clearly（明らかに），definitely（たしかに），possibly
　　　（ことによると），presumably（おそらく）
　　b. interestingly（面白いことに），regrettably（残念ながら），surprisingly（驚い
　　　たことに）
　　c. generally（一般的に言って），honestly（正直に言って），personally（個人的
　　　に言って）

(5a)は法助動詞の認識的用法と同様，文の内容についての確信度を表す副詞で
ある。また，(5b)は文の内容に関するさまざまな感想を表す副詞である。そし
て(5c)は文の内容の伝え方を表す副詞であり，(4b)の frankly もここに含まれ
る。
　ここでふたたび(4a,b)の対比に目を移すと，2つの frankly は意味が異なるば
かりでなく，文中の位置も違うことに気づく。すなわち，様態副詞の frankly
が主語と動詞の間に現れているのに対し，モダリティ副詞の frankly は文頭に

コンマを伴って生じている。一般的な傾向として，**文の客観的意味の一部を構成する副詞類は文の中ほどの位置に現れ，主観的意味を表す副詞類は主に文頭，ときに文末に生じる。**文末に現れるほかの主観的表現としては，聞き手や読み手に同意を求める付加疑問があげられる。

(6) Tom's presentation at the conference was far from satisfactory, *wasn't it*?

文頭に現れるモダリティ副詞の場合と同様に，文の内容部分と付加疑問はコンマで区切られている。このような客観的領域と主観的領域の関係を図で表すと次のようになる。

(7)

(副詞)	主語（副詞）動詞... **客観的領域**	(副詞) **主観的領域**

言語による情報伝達は，聞き手や読み手にメッセージの贈り物をする行為であるといえる。その際，文の内容部分はプレゼントの中身であり，主観的表現はプレゼントを包むラッピングにたとえられよう。そのように考えると，上の図のように主観的表現が客観的表現を包むように配置されることも納得できるだろう。**英文を読む際には文頭と文末に注目するとよい。そこから書き手がどのようにメッセージを伝えようとしているかがわかる。**

まとめ
(1) 英文読解ではメッセージの内容だけでなく，書き手がどのように伝えようとしているかを読み取る。
(2) その際，法助動詞の認識的用法やモダリティ副詞がヒントになる。
(3) 文のはじめや終わりに注目すると，そこに書き手の主観的態度が表されていることがある。

1.9 文章の流れを読み取る

接続詞と談話標識

> 主節の内容よりも従属節の内容の方が情報として重要であり，それが伝達の中心と考えられる場合がしばしばみられるのである。 （福地　肇『談話の構造』p.177)

　この節では長い文章を読むコツを紹介する。「読む」という動詞には「文章の意味を理解する」という文字通りの意味もあるが，そのほかに「展開を予想する」という意味で使われることがある。たとえば「時代の流れを読む」とか，ゴルフで「芝目を読む」といったりするときの「読む」である。英文読解においても，前者の意味だけでなく後者の意味でも文章を「読む」必要がある。ある文章をきちんと理解するためには，今，目にしているところが書き手の主張したい内容なのか，前提としている内容なのか，また具体例を示している箇所なのか，それとも議論を要約している箇所なのか，そういったことを意識しながら文章の展開を「読んで」いく必要がある。その目印となるのが接続詞や談話標識である。これらは文章を読んでいく際のナビゲーターであり，その役割を理解することで，どんなに長い文章でも迷子にならずに読んでいくことができる。

1 接続詞を含む構造と語順の緊張関係

　英文を読む際には常に「書き手が伝えたい情報の中心はどこにあるのか」を意識する必要がある。そのことを考えるため，(1)の2つの例を比較してみよう。

(1) a. Many U.S. companies have branches in Mexico because people there speak *English as well as Spanish*.

　　b. Some of my colleagues in the New York branch spoke *English as well as Japanese*, and tried to speak Japanese with me.

どちらの例でも，接続表現の as well as が使われている。学校では「A as well as B」は「B だけでなく A も」と訳すように教えられることが多い。たしかに，(1a)は「多くの米国企業はメキシコに支店をもっている。なぜなら現地の人々はスペイン語だけでなく英語も話すからだ」となり，Spanish よりも English の

方が重要な情報である。しかし，(1b)ではそうはいかない。この文は「ニューヨーク支店には英語だけでなく日本語も話す同僚がおり，私に日本語で話しかけようとしてくれた」と解釈され，as well as の後ろにある Japanese の方が重要な情報を担っている。

　なぜこのようなことが起こるのだろうか。A as well as B は形式上 as well as B が A を後置修飾する形になっており，句構造上の中心は A にある。しかし 1.6 節で紹介したように，英語では情報構造上の焦点が文末に置かれやすいという性質があり，A as well as B では B が焦点位置にあたる。このように，**句構造上の中心と情報構造上の焦点がいわば綱引き状態にあるのである。**

(2)　a. 句の構造：　 A （as well as B）　　中心は A

　　　b. 情報の流れ：A as well as B　　　焦点は B

(2a)と(2b)のどちらのタイプで解釈すべきかについては，(1)のような文脈の流れで決定するほかない。(2b)のように，構造上は修飾要素であるものが情報の中心となっている場合があるので要注意である。

　同じことは，理由や時，譲歩などさまざまな意味を表す副詞節でも生じる。

(3)　a. [Even though Mary was still in love with John], she broke up with him and married Tom.
　　　b. Mary broke up with John and married Tom(,) [even though she was still in love with John].

どちらの文でも，構造上は she/Mary broke up ... が主節で even though ... が譲歩を表す従属節（副詞節）である。(3a)では主節が文の後半に置かれているため，構造上の中心と情報の焦点が一致している。ここでは，書き手の伝えたい内容は「メアリーがジョンと別れてトムと結婚した」ということで決まりである。それに対して，(3b)では(1b)と同じような「綱引き状態」が起きている。この場合，(3a)と同じ解釈に加えて「彼女はまだジョンのことが好きだった」という従属節の内容に焦点が当たっている可能性もある（とくに even though の前にコンマが置かれると後者の解釈が好まれる）。したがって，**前後の文脈から書き手の力点がどこに置かれているかを「読んで」いく必要がある。**

2　談話標識が示す文章の展開

　談話標識とは，会話や文章における論旨の転換やつながりを示す要素のことである。学校文法では「つなぎことば」ともよばれ，さまざまな品詞の語や句，そして節が用いられる。文章表現で現れる典型的な談話標識を(4)にあげる。

(4) a. 逆接・反対・譲歩・対照を表す

　　　however（しかしながら），nevertheless（それにもかかわらず），on the contrary（それどころか），(al)though（…だけれども），on the other hand（他方で），in [by] contrast（対照的に）

　　b. 具体例を示す

　　　for example [instance]（たとえば），such as（たとえば），like（…のような），including（…を含めて）

　　c. 列挙したり追加したりする

　　　then（それから），next（次に），furthermore（さらに），moreover（そのうえ），in addition（加えて）

　　d. 別の表現で言い換える

　　　that is（すなわち），in other words（言い換えれば），in short [brief]（要するに），in a word（一言で言えば）

　　e. 結果や結論を述べる

　　　as a result（結果として），consequently（その結果），thus（したがって），therefore（それゆえ），in conclusion（結論として），this is why（そういうわけで）

　これらの談話標識は，会話や文章の中で【逆接】【追加】【言い換え】といったタグの機能をはたしている。これらに注目することで，文章の流れを正しく読むことができる。

　そのほかの談話標識のはたらきを，例をもとに確認しよう。

(5) a. *One might* argue that raising taxes is the only solution to financial difficulties, *but* I do not agree with this position.

　　b. *It is true that* aging involves physical changes, *but* it doesn't necessarily mean discomfort and disability.

どちらの文も but 以下で書き手の主張が述べられているが，それをより効果的にしているのが前半部分の表現である。(5a)は「増税が財政難に対する唯一の解決策だと主張する人もいるかもしれないが，私はその立場に賛成しない」と解釈される。前半の one might argue ... は書き手が反論したい内容を述べており，助動詞 might によって，その内容に書き手自身がコミットしていないことが示されている（1.8 節参照）。また，主語として不定代名詞 one が使われているのも特徴的で，この one は someone や some people などの表現に置き換えることもできる。

　他方，(5b)は「たしかに加齢が肉体的変化を伴うのは事実であるが，それは必ずしも不快さや不自由さを意味するものではない」と解釈される。書き手は前半部分で「事実としてはたしかに…だ」とその内容を認めているものの，主張の力点はむしろ後半部分にある。逆接の but と相関的に用いられて「たしかに，もちろん」と述べる it is true that ... と同じ機能をはたす談話標識としては，ほかに certainly, indeed, of course, surely などがある。(5a,b)のように，「…という人もいるかもしれない」あるいは「たしかに…である」といったん**譲歩しておいてから自分の主張を述べるという手法が論説文ではしばしば用いられる**。ここにあげられた表現に出会ったら，「書き手の言いたいことがこの後に現れてくるはずだ」と予想しながら読んでいくとよい。

まとめ　英語の文章を読むときには，部分を理解するだけでなく全体の流れを「読んで」いく必要がある。そのために以下の点に注意する。

(1) A as well as B 構文や主節と副詞節の関係では，句構造の中心と情報構造の焦点がずれている場合がある。
(2) 論旨の転換やつながりを示す談話標識に注目して文章を読んでいく。
(3) 論説文においては，譲歩しておいてから主張を述べるという手法が用いられる。

1.10 文章の概要を把握する
ボトムアップ解釈からトップダウン解釈へ

> ゆっくり読んで分かる文章を練習によって速く読めるようにすることはできるが，ゆっくり読んでも分からない文章が速く読んだら分かるということはありえない。
> (伊藤和夫『伊藤和夫の英語学習法』p.70)

　これまでこの章では，1文1文を丁寧に解釈することによって英文を正しく理解しようという立場をとってきた。このような読み方は一般的に「精読」といわれ，部分を積み重ねて全体に至るという意味で「ボトムアップ解釈」とよぶこともできるだろう。しかし実務として英語を読む場合には，いつでも精読ができるとは限らない。たとえば，英語で書かれた取扱い説明書を読むときには，大量の文章の中から自分にとって必要な情報だけを取り出す**スキャニング**という読み方が必要になるし，会議で配布された英文資料を読む際には文章全体の概要を大まかに把握する**スキミング**という読み方が必要になることもある。このような読み方はしばしば「速読」ともよばれ，ボトムアップ解釈に対して「トップダウン解釈」ということができよう。そこで最後に本節では，とくに文章の概要をスキミングする（＝すくい取る）方法に焦点を当て，トップダウン解釈を可能にする頭のはたらかせ方を考えてみたい。

1 パラグラフの最初に注目する

　速読，すなわちトップダウン解釈を実践するにあたっては，まずは上の「ゆっくり読んでも分からない文章が速く読んだら分かるということはありえない」という引用を心にとどめておく必要がある。すなわち外国語として英語を読む際には，前節までに紹介した読みのコツ(1a-i)を駆使しながらゆっくり丁寧に読んでいくことが基本となる。

(1) a. 文法知識を実際の英文と照らし合わせて活用する。
　　 b. 述語動詞がとる構文パターンに注目する。
　　 c. 長い文の入れ子構造を意識する。
　　 d. 省略要素や代用表現の指示対象を復元する。
　　 e. 否定文では「どこが否定されているか」に注意する。

  f.　情報配列の原則「旧情報から新情報へ」を理解する。

  g.　接辞や中心義をヒントに単語の意味を類推する。

  h.　書き手の意図をモダリティ表現から読み取る。

  i.　接続詞や談話標識から文章全体の流れを把握する。

このようなボトムアップ式の読解を意識的に繰り返しているうちに，徐々にそれが無意識かつ高速でできるようになってくる。そのときに，英文をトップダウン処理する準備ができたといえよう。

　そのことを踏まえて，文章の概要を把握するコツをいくつか紹介したい。1つは，パラグラフの構造を意識することである。「パラグラフ」は日本語の「段落」に相当するが，日本語の段落よりも英語のパラグラフの方がしっかりとした論理構成になっている。典型的なパラグラフ構造は(2)のように示すことができる。

(2)

各パラグラフは1つの中心となるメッセージを含んでおり，それがパラグラフの最初の方に1文で述べられていることが多い。これを「主題文」という。原則として，1つのパラグラフには1つの主題文が含まれる。主題文の内容に対して具体例をあげたり，理由や証拠を示したりするのが「支持文」である。そしてパラグラフ同士もまた，主張の展開や反論，さらには譲歩や結論の提示など，さまざまな論理的つながりをもっている。したがって，**各パラグラフの冒頭部分に注目して主題文を探し，それらをつなげていけば，文章全体の概要を把握できる**。

2　前提知識が全体の理解を助ける

　上では文章の一部，すなわち主題文に注目する方法を紹介したが，別の方法として，文章全体に目を走らせて情報を拾っていくこともできる。一般に「速読」としてイメージされるのはこのやり方ではないだろうか。具体例として，ある言語学入門書からの一節(3)を取り上げよう。この文章の前半部分は 1.3 節でも紹介しているので，そこでのボトムアップ解釈とここでのトップダウン解釈を対比させてみるとよいだろう。

(3)　The major perspective we adopt in this book regards a language as a *cognitive* system which is part of any human being's mental or psychological structure. An alternative to which we shall also give some attention emphasises the *social* nature of language, for instance studying the relationships between social structure and different dialects or varieties of a language.

　　　　　　　　　　　　　　　　　(Radford *et al.* (2009：1)；斜体は原著)

　　訳：私たちが本書で採用する主たる観点によれば，言語はあらゆる人間の精神的ないし心理的構造の一部をなす認知システムとみなされる。また私たちが注意を払うもう 1 つの見方においては，言語の社会的側面が強調され，社会構造と言語の方言あるいは変種との関係といったことが研究の対象となる。

　　　　　　　　　　　　　　　　　　　　　　　　　　　　(訳は筆者による)

文章に含まれる単語は「内容語」と「機能語」に分類することができる。前者は名詞や動詞，そして形容詞など，具体的な意味内容をもっている語である。それに対して後者は冠詞や前置詞，そして代名詞など，内容語をつなげて句や文を構成するはたらきをする語である。トップダウン処理では，(3)から内容語だけを拾って(4)のように全体を眺めることになる。

(4)　major / perspective / adopt / book / regards / language / *cognitive* / **system** / part / **human being** / **mental** / **psychological** / **structure** / alternative / give / attention / emphasises / *social* / **nature** / language / studying / relationships / **social** / **structure** / different / **dialects** / **varieties** / language

下線を引いた language という語が 3 回登場している。したがって，この文章

は言語について書かれたものだということがわかる。そしてこの点が大事なのであるが，言語学についてある程度の予備知識がある読者であれば，太字になった単語に自然と注意を払うはずである。なぜなら，これらの語は言語学で頻繁に用いられる用語だからである。さらにいえば，cognitive system や social structure といった太字の単語が目に飛び込んでくることだろう。そして次のような図式が頭に思い浮かぶに違いない。

(5) 言語についての 2 つの立場

言語は認知システムの一部である ⟷ 言語は社会制度の一部である

この図式はそのまま(3)の文章の概要となっている。このように，トップダウン解釈では読み手は文章の中からカギとなる用語を無意識に選び出し，それを再構成することで内容把握を行っている。

　このような作業で重要な役割をはたすのが，文章の背景に関する前提知識である。つまり英語の文章をトップダウンで解釈するためには，まずその分野で常識とされている知識を事前に仕入れておかなければならないことになる。この節の冒頭で「ゆっくり読んでわからない文章は速く読んでもわからない」という趣旨の（当たり前の）名言を紹介したが，同じようにいうならば「**日本語で読んでわからない文章は英語で読んでもわからない**」のである。実際，言語学になじみのない読者の中には，(3)の英文に与えられた日本語訳を読んでも，なんのことかピンとこないという方もおられよう。逆にいうと，**速読の訓練をするには，自分がよく知っている分野や興味のある分野について書かれた文章を選ぶとよいだろう**。

(1) ゆっくり読んでわからない文章は速く読んでもわからない。
(2) 文章の概要を把握するには，パラグラフの冒頭にある主題文をつなげていくとよい。
(3) 文章の背景を理解することで，おおよその内容を推測しながら読んでいくことができる。
(4) 日本語で読んでわからない文章は，英語で読んでもわからない。

参考文献

天野政千代 (1999)『言語要素の認可―動詞・名詞句・副詞』, 研究社.

安藤貞雄 (2005)『現代英文法講義』, 開拓社.

荒木一雄・小野経男・中野弘三 (1977)『助動詞』, 研究社.

チョムスキー, ノーム (著), 外池滋生・大石正幸 (監訳) (1998)『ミニマリスト・プログラム』, 翔泳社.

福地 肇 (1985)『談話の構造』, 大修館書店.

畠山雄二 (編) (2019)『正しく書いて読むための 英文法用語事典』, 朝倉書店.

ハドルストン, ロドニー・パルム, ジェフリー K. (著), 縄田裕幸・久米祐介・松元洋介・山村崇斗 (訳) (2018)『前置詞と前置詞句, そして否定』, 開拓社.

井上永幸・赤野一郎 (編) (2019)『ウィズダム英和辞典』(第4版), 三省堂.

伊藤和夫 (1995)『伊藤和夫の英語学習法』, 駿台文庫.

レイコフ, ジョージ (著), 池上嘉彦・河上誓作・辻幸夫・西村義樹・坪井栄治郎・梅原大輔・大森文子・岡田禎之 (訳) (1993)『認知意味論―言語から見た人間の心』, 紀伊國屋書店.

松尾文子・廣瀬浩三・西川眞由美 (編著) (2015)『英語談話標識用法辞典―43の基本ディスコース・マーカー』, 研究社.

中島平三 (2017)『斜めからの学校英文法』, 開拓社.

岡田伸夫 (2001)『英語教育と英文法の接点』, 美誠社.

Radford, A., M. Atkinson, D. Britain, H. Clahsen, and A. Spencer (2009) *Linguistics : An Introduction* (2nd edition), Cambridge University Press.

島 越郎 (2015)『省略現象と文法理論』, 開拓社.

高見健一 (2001)『日英語の機能的構文分析』, 鳳書房.

田中智之・寺田 寛 (2004)『英語の構文』, 英潮社.

安井 稔 (2014)『英語とはどんな言語か―より深く英語を知るために』, 開拓社.

第**2**章

英語の書き方

2.1 「カラス」は1羽か？

日英語の数の感覚の違い

> 枯枝に烏のとまりけり秋の暮
> On the withered bough
> A crow has alighted:
> Nightfall in autumn.
> この英訳は，この原句の日本語の解釈としては，確かに一つの可能性を表わしている。しかしこの英訳で一羽になっている烏が，果たして本当に一羽なのか，それとも二羽以上なのかは，この俳句では分からない。（ドナルド・キーン『日本人の美意識』pp.14-15）

　英語の先生は「英文を書くときは英語で考えなさい」と指導することが多い。これは，母語である日本語で原稿をつくってからその日本文を英訳してはいけないということを意味している。なるほど，英語を母語とする人たち（以下では便宜上「ネイティブ」とよぶ）はわざわざ外国語で原稿をつくりそれを英訳したりはしない。だから，「英文は英語で考えて書きなさい」という指導は間違っているとはいえないかもしれない。しかし，そもそも《英語で考える》とはいったいどういうことなのだろうか。困ったことに，英語の先生は《英語で考える》ということがどういうことなのか，詳しくは教えてくれない。第2章の2.1節から2.5節では，《英語で考える》とは何かをできるだけ詳しく述べていくことにする。英語で考えるということが何かがわかれば，英語を書く力が格段に上がるはずである。

1　名詞が単数か複数かを気にせよ

　まず，《英語で考える》とはどういうことか考えてみよう。たとえば，道を歩いている犬をみて「犬！」と思わずに「ドッグ！」と思うことが英語で考えるということなのだろうか。もちろん，これは英語の先生が考えている《英語で考えること》にはあたらない。英語で考える瞬間は，実は，道を歩いている犬をみて英語で「犬！」と言おうとするときに訪れる。ネイティブは犬をみて単にdogとはいわない。犬が1匹ならa dogのように単数で，2匹以上ならdogsのように複数で，必ず区別していう。より正確にいえば，ネイティブは単数か複数かが決まらないうちは口に出すことすらできないのである。このように，英語では数えられる名詞（可算名詞）が単数であるか複数であるかを厳密に形

で区別する。一方，日本語では，たとえば「太郎は本をもっている」と言おうとしたときに，私たち日本人は「本」が1冊なのか複数冊なのか普通は気にしない。また，日本語で「太郎には兄弟がいるよ」と言われても，太郎に兄弟が1人いるのか，それとも2人以上いるのかこの文だけではわからない。しかし，英語では*Taro has brother. のような文は許されず，Taro has a brother. あるいは Taro has brothers. と言わなければならない。英語で考えるときには，a brother なのか brothers なのかがとても重要となる。

　上の例でみたような名詞の単数・複数の区別については，英文法の授業で習ったことがあるかもしれない。たとえば，「英語では可算名詞が単数の場合には不定冠詞の a(n) を名詞の前に置き，複数の場合には複数を表す -(e)s を名詞の語尾につける」などのように。英語の先生はこれを単なる文法知識として教え，学生はこのことが試験に出されるから丸暗記する。この流れは学校ではよくみられるが，これでは，先生が学生に《英語で考えること》を教える絶好のチャンスを逃してしまうことになる。英語の単数・複数の知識を教えるときには，学生に(1)のように教えるべきである。

(1) 名詞が単数か複数かを気にせよ。

日本語にも「学生」と「学生たち」や「山」と「山々」のように単数と複数を形で区別できる場合もある。しかし，日本語においては，単数と複数の区別は形のうえでしない方が普通である。だから，英語で考えるときには，英語で言おうとしている名詞が単数なのか複数なのかをあえて気にする必要がある。

　上で「犬」を英訳するときには，犬が1匹なら a dog のように単数で，2匹以上なら dogs のように複数で必ず区別すると述べた。では，(2)を英語に訳す場合にはどうしたらよいのだろうか。

(2) 私は犬が好きだ。

(2)は任意の（あるいは特定の）犬が好きだという意味ではなく，「犬」という種類の全メンバーが好きだという意味だと思われる。このような場合には I like dogs. と複数で訳すのが自然である。

2   名詞が数えられるか，数えられないかを気にせよ

　単数と複数の区別は，当たり前のことかもしれないが，「数えられる名詞（＝可算名詞）」にのみ成り立つ。というのも，「数えられない名詞（＝不可算名詞）」は，数えられないのだから単数や複数といった区別などできないからだ。たとえば，water などはもともと数えることができないのだから，*a water や*waters などということはもちろんできない。このことから，英語で書くときには名詞が数えられるか，数えられないかの区別，つまり(3)がとても重要になる。

(3)　名詞が数えられるか，数えられないかを気にせよ。

ただし，(3)で注意しなければならないことが2つある。1つめは，ある名詞が日本語では数えられる名詞としてみなされていても，英語ではそれが数えられない名詞としてみなされている場合がある，ということである。たとえば，日本語で「荷物」は「1つ，2つ」と数えることができる。つまり可算名詞として捉えられている。しかし「荷物」に対応する英語の baggage は，ネイティブにとっては「1つ，2つ」と数えることができない不可算名詞である（どうしても数えたい場合には a piece of baggage や two pieces of baggage といわなければならない）。2つめは，ある名詞が日本語では数えられない名詞としてみなされていても，英語では数えられる名詞としてみなされている場合がある，ということである。たとえば，「彼女の目に涙が溢れた」という文における「涙」を日本人は普通数えられる名詞とは捉えない。しかし，英語では Tears filled her eyes. というように「涙（tear）」は数えられる名詞と捉えられる。英語を書くときにはこれらの点に注意しながら，名詞が英語で数えられるかどうかを意識していかなければならない。

　ここで「ジョンは昨夜夕食にチキンを食べた」という日本語の英訳を考えてみよう。「チキン（chicken）」は可算名詞なので，(4)のように a をつけて訳すことも当然できる。

(4)　John ate a chicken for dinner last night.

(5)　John ate chicken for dinner last night.

ただし，(4)のように chicken を《数えた》場合には「ニワトリ 1 匹」という個体が浮かび上がってしまう。したがって，(4)は「昨夜夕食でニワトリをまるごと 1 匹食べた」のような意味になる。これに対して，(5)は chicken を《数えない》場合である。このように chicken をあえて数えない（＝a をつけない）と，「ニワトリ」という 1 つの個体ではなくニワトリの肉（鶏肉）が表されることになる。したがって，(5)は「昨夜夕食で鶏肉を食べた」のような意味になる。

　英語で書くときに名詞を数えるか，数えないかに注意しなければならない例をもう 1 つみてみよう。

(6)　メアリーは学校を設立した。
(7)　メアリーは学校に自転車で通っている。

(6)にも(7)にも「学校」が含まれているが，日本語ではそれらを数えるか，数えないかなど意識しない。しかし，英語で考える場合には，「学校」が数えられるか否かが，とても重要になる。(6)のように「学校を設立する」という状況では，設立された学校を 1 校，2 校と数えることができる。このように名詞が数えられる状況にある場合には，英語にするときには数えてやらなければならない。したがって，(6)の英訳は(8)のようになる。

(8)　Mary established {a school / schools}.   (cf. (6))

一方，(7)のように「学校に通学する」という状況では，学校を 1 校，2 校と数えることはしない。このように数えない状況にある場合には，英語ではその名詞を数えてはいけない。つまり，単数を表す a を名詞の前につけたり，複数を表す s を名詞の語末につけてはいけない。(7)の英訳は(9)のようになる。

(9)　Mary goes to school by bike.   (cf. (7))

日本語で考えるときには，名詞が数えられるか，数えられないかなど意識する必要はないが，英語で考えるときにはそれらを意識する必要がある。

まとめ　(1) 英語で書こうとしている名詞が単数か複数かを気にせよ。
　　　　　(2) ある名詞が英語で数えられるか，数えられないかを気にせよ。

2.2 「映画をみた」の「みた」はいつも過去か？

日英語の時制・相の違い

> 君は見てはいるけれども，観察はしていない。観察することと見ることは，全く別のことなのだよ。
> （アーサー・コナン＝ドイル「ボヘミアの醜聞」『シャーロック・ホームズの冒険』p.20）

　前節では，適切な英語を書くためには英語で考えることが重要だと指摘した。そして，英語で考えるとはどういうことかを説明するためにいくつかの具体例を示した。では，学習者が自分で《英語で考えていること》に気づくにはどうしたらよいだろうか。最近の英語教育では，伝統的な和文英訳はあまりされていないが，この傾向は英語学習の観点からいうと非常によくない。というのも，これでは英語で考えているかを自覚する機会を失ってしまうからだ。私たちは，日本語を英語に翻訳しようとする瞬間に日本語と英語のさまざまな違いに気づく。和文英訳を通して，今まで漠然と「みて」いた日英語をじっくりと「観察」するようになる。日本語で考えることがどういうことで，英語で考えることがどういうことかが自覚できるようになる。和文を英訳する作業は，英語がある程度上達したら卒業しなければならない。しかし，和文英訳の段階を経ることによって，英語を書く力は迅速にかつ着実に伸びていくのである。

1 「映画をみた」の「みた」はいつも過去を表しているのか？

　「映画をみた」という日本語はこれまで何度も耳にしたり，口にしてきたと思われる。なんら難しい言い回しでもなく，小さな子どもですら使える表現である。しかし，「映画をみた」には時制や相（アスペクト）に関して2通りの解釈がある。このようにいわれると，たいていの人は驚くに違いない。解釈の違いは，(1)と(2)のように副詞を加えるとはっきりとわかる。

(1) 昨日その映画をみ<u>た</u>。
(2) もうその映画をみ<u>た</u>。

　(1)は，「昨日」という副詞が入っていることから明らかなように，過去のある時点において「その映画をみた」ことを述べた文である。一方，(2)は，「もう」

という副詞が入っていることから明らかなように，過去から現在（＝発話時）までの間に「その映画をみた」ことを述べた文である。(1)と(2)を時間軸で表すとそれぞれ(3)と(4)のようになる。

(3)の○は，発話時から切り離された過去の出来事を示している。(4)の ▨ は，過去から発話時につながっている出来事を示している。日本語の「た」は(3)の○も，(4)の ▨ も表すことができる。このため「映画をみた」が(1)と(2)の両方で使われるのである。

　英語では，(3)と(4)は異なる形式で表される。具体的にいうと，(3)の○は過去形で表されるのに対して，(4)の ▨ は現在完了形で表される。したがって，日本語の(1)と(2)は英語ではそれぞれ(5)と(6)のように訳される。

(5) I watched the movie yesterday.　　　　　　　　　　　(cf. (1))
(6) I have already watched the movie.　　　　　　　　　(cf. (2))

(3)の時間軸の○を表すのに英語では(5)のように過去形を使い，(4)の時間軸の ▨ を表すのに英語では(6)のように現在完了形を使う。時制や相について，英語で考える際に極めて重要なことは，過去の出来事が(3)のように発話時と切り離されているか，それとも(4)のように発話時とつながっているかを区別することである。英訳の際には，日本語の「た」の表す位置を時間軸上に表してから，その時間軸を利用して英訳するとよい。この後半のプロセス（つまり(7)の矢印の右側）がまさに《英語で考えること》そのものなのである。

(7) 「た」の位置を時間軸上に表す　→　その時間軸を利用して英訳する
　　　　　　　　　　　　　　　　　　　　　　《英語で考えること》

次節では時間軸を利用して，日本語を英訳するプロセスをさらにみていく。

2   「椅子を直した」の「直した」はいつも過去を表しているのか？

次の(8)と(9)の日本語を考えてみよう。

(8) 父は椅子を直した。（その椅子はまた壊れてしまったかもしれない）

(9) 父は椅子を直した。（その椅子は今も壊れていない）

(8)と(9)はまったく同じ文であるが，カッコ内の「含み」によって英訳が異なる。(8)は父が椅子を直したことを過去の事実として述べたものであり，その椅子が現在どうなっているのかについては言及していない。つまり，過去の出来事（＝椅子を直したこと）が現在（＝発話時）とは切り離されている。これを時間軸で表すと(10)のようになる。

(10)
発話時

(10)の図では，○が椅子を直したときを表していて，○と発話時が関係づけられていない。(10)の時間軸の○を表すのに英語では(11)のように過去形を使う。

(11) My father repaired the chair.   (cf. (8))

したがって(11)が(8)の英訳となる。一方，(9)は父が椅子を直したことが現在にも影響を及ぼしていることを表している。つまり，過去の出来事が発話時と切り離されていない。このことを時間軸で表すと(12)のようになる。

(12)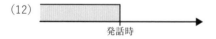
発話時

(12)の図では，椅子を直したときと発話時が関係づけられている。(12)の時間軸の▢を表すのに英語では(13)のような現在完了形を使う。

(13) My father has repaired the chair.   (cf. (9))

したがって，(13)が(9)の英訳となる。このように，(8)と(9)はまったく同じ日本語だが，「含み」の違いによって(11)と(13)のように英訳が異なるのである。

　英語で考えるために時間軸を仲介させる工夫は，「た」だけでなく「ている」にも応用できる。次の例をみてみよう。

(14)　私は今本を読ん<u>でいる</u>。
(15)　私はその本を何度も読ん<u>でいる</u>。

(14)と(15)はどちらも同じ「読んでいる」のような形，いわゆる「ている」形をとっている。しかし，(14)と(15)の「ている」形が表す時間軸上の位置はそれぞれ異なっている。(14)と(15)の表す時間軸はそれぞれ(16)と(17)である。

(14)の文は，発話時において「読む」という動作が継続していることを表している。時間軸上で動作が継続していることを●の記号で示すと，(14)の「ている」形は時間軸上(16)のように表されることになる。英語では(16)の時間軸上の●を表すのに，(18)のような現在進行形を使う。

(18)　I am reading a book now.
(19)　I have read the book many times.

一方，(15)の文は，その本を過去に何度も読んだという経験があり，その経験が発話時にまで影響を及ぼしていることを表す。このことを時間軸上で表したものが(17)である。(17)の図は上でみた(12)の図と同じなので，時間軸の□□□を表すのに(19)のような現在完了形を使う。したがって，(14)と(15)の「読んでいる」の英訳は，それぞれ(18)と(19)のように異なる。以上のことから，英語で正しく書くためには，「ている」形の場合も「た」の場合と同じように時間軸を仲介させるとよいだろう。

(1)　英語で時制や相を考える際には，時間軸を仲介させよ。
(2)　「た」が過去を表し，「ている」が進行形を表すとは限らない。

2.3 「私は財布を盗まれた」をどう英訳するか?

日英語の受動文の違い

忘らるる　身をば思はず　誓ひてし　人の命の　惜しくもあるかな
（百人一首，右近）

　日本語では太古の昔から受動表現がさかんに使われている。もっというと，日本語は受動表現を比較的好む言語である。「比較的」とは何と比較しているかというと，英語とである。つまり，英語は日本語と比較すると受動表現を好まない言語なのである。和文英訳をするとすぐに気がつくことであるが，英語には日本語の受動文に対応する受動文が存在しないことが多い。大雑把な言い方ではあるが，日本語の受動文では，受動文の主語がある出来事によって影響を受けているかどうかが極めて重要となる。一方，英語の受動文では，受動文の主語が，対応する能動文の目的語である（＝「目的語由来」）かどうかが極めて重要となる。したがって，英語で考えて受動文を書く際には，受動文の主語が目的語由来かどうかに注意を払わなければならない。

1 英語の受動文を書くときに気をつけることは何か?

　日本語の受動文を英語に訳させる課題を出すと，文法的ではない英文を書いてくる学生がいる。たとえば，(1)の英訳として(2)のように書く学生は多い。

(1)　私は財布を盗まれた。
(2)　*I was stolen my wallet.

(2)は，日本語の「私は…盗まれた」をそのまま I was stolen と直訳したために非文法的になってしまったと思われる。しかし，同じ直訳でも(3)を直訳した(4)は文法的に正しい英語となる。

(3)　財布が盗まれた。
(4)　The wallet was stolen.

(1)を(2)に直訳するのと，(3)を(4)に直訳するのとでは，いったい何が違うのだろうか。まず，日本語の「盗む」という動詞について考えてみよう。「盗む」

は能動文では,「財布を盗む」のように目的語 (=「財布を」) をとる。「財布を盗む」を受動文にすると, (5)で示されているように,「盗む」が「盗まれた」になり, 能動文の目的語が受動文では主語になる。

(5) a. <u>財布を</u> <u>盗む</u>　　　　　　　　　　　　　［能動文］
　　　　　↓目的語　↓
　　 b. <u>財布が</u> <u>盗まれた</u>　　 (cf. (3))　　　［受動文］
　　　　　主語

英語の受動文も基本的に(5)と同じ操作を行う。

(6) a.　　　 <u>steel　a wallet</u>　　　　　　　　［能動文］
　　　　　　　　　　　目的語
　　 b. <u>A wallet</u> <u>was stolen</u>　 (cf. (4))　　　［受動文］
　　　　　 主語

(6a)の steel a wallet を受動文にすると, (6b)のように steel が was stolen になり, 目的語だった a wallet が主語になる。ここまでみると, 日本語も英語も大した違いがないようにみえる。しかし, 英語は(7)のルールを厳格に守る。

(7) 受動文の主語には, 対応する能動文の目的語しかなれない。

(7)はつまり, 英語では受動文の主語が, 対応する能動文の目的語に由来していなければならないということである。この《目的語由来》ということが, 英語の受動文を考えるうえでは極めて重要となる。
　 ここで, 上でみた(2)がなぜ英語として成り立たないか考えてみよう。(2)の受動文をつくるためには, (8)のような目的語を2つとる能動文が必要である。

(8) *steel 　 <u>me</u> 　 <u>my wallet</u>
　　　　　 間接目的語 直接目的語

もし(8)のように, 動詞 steel が目的語を2つとることができれば, 間接目的語の me を主語にして(2)のような受動文をつくることができる。しかし, 実際には(8)は許されないので, (2)のような受動文をつくることはできない。英語で受動文を書くためには,《英語で考えること》すなわち《受動文の主語が, 対応する能動文の目的語に由来しているかに注目すること》が重要である。

2 「私は財布を盗まれた」をどう英訳するか？

　日本語の(1)が英語の(2)のようには直訳できないことはわかったが，不思議なことに，(1)と見かけ上似ている(9)の日本語は(10)のように直訳できる。

(9)　私は入場を断られた。
(10) I was refused admittance.

なぜ，(9)は(10)のように直訳ができるのだろうか。それは，refuse は steel とは違って，能動文において(11)のように目的語を2つとることができるからだ。

(11) refuse <u>me</u> <u>admittance</u>

目的語の me は受動文の主語になれるので，(7)により(10)が文法的になる。
　ここで，重要なことをまとめておこう。2つの受動文，つまり(1)の「私は財布を盗まれた」と(9)の「私は入場を断られた」は，日本語で考えている限り違いがみえてこない。しかし，「盗む」にあたる steel は間接目的語をとらないが，「断る」にあたる refuse は間接目的語をとるという重要な違いがあるため(7)のルールにかなった(10)がつくられる。このように，英語の受動文を書く際には，英語で考えること，すなわち受動文の主語が，対応する能動文の目的語に由来しているかどうかに注目することが大切である。
　では，(1)の「私は財布を盗まれた」をどうしても英語で書きたい場合にはどうしたらよいだろうか。(1)の表している状況は(12)のように図示できる。

(12) 　㊙◀━━━━ ⌈財布を盗まれた⌋
　　　　被害関係

(12)は「私」と「財布を盗まれた」との間に《被害関係》があることが示されている。《被害関係》とは，(12)でいうと，たとえば「財布を盗まれて私は困ってしまった」などの被害の関係のことである。日本語にはこのような《被害関係》に基づいてつくられる受動文がある。では，英語にも(12)の状況を描写する表現があるのだろうか。実は，英語には be 動詞による受動文（＝be 受動文）のほかに，(13)のような have による受動文（＝have 受動文）がある。

(13) I had my wallet stolen. (cf. (1))

(13)で 'I' と my wallet stolen の間に現れた have は《被害関係》を表し，'I' が my wallet (was) stolen によって被害を受けたことを表している。(13)にも (12)のような《被害関係》が含まれるので，(1)の英訳として(13)がふさわしい。このように，英語には《目的語由来》に基づく be 受動文と《被害関係》を表す have 受動文の2つのタイプの受動文がある。まとめると(14)になる。

(14) a. 受動文の主語が，対応する能動文の目的語に由来する場合:
be 受動文で書く。
b. a. は適用されず，主語と残りの文との間に《被害関係》が認められる場合:
have 受動文で書く。

英語の受動文を書くときには，どちらのタイプが適切か考えなければならない。
最後に，(15)のような受動文の英訳について考えてみよう。

(15) 私は赤ちゃんに泣かれた。

「泣く」に対応する英語の cry は自動詞で目的語をとらない。このため(14a)にあてはまらないので，be 受動文では訳せない (*I was cried by my baby. / *My baby was cried.)。しかし，(15)には(16)のような《被害関係》が認められる。

(16) ㊙ ◀──── 赤ちゃんが泣く
　　　被害関係

(16)の《被害関係》とは，たとえば「赤ちゃんが泣いて私は困った」のような被害 (あるいは「迷惑」) の関係である。(16)の状況は(14b)にあてはまるので，(15)の日本語は(17)のような have 受動文で訳すとよい。

(17) I had my baby cry. (cf. (15))

まとめ (1) 英語の受動文には，be 受動文と have 受動文の2つのタイプがある。
(2) 主語が《目的語由来》か《被害関係があるか》によりタイプが決まる。

2.4 主語を抽出せよ
日英語の主語の違い

> 心で見なくちゃ，ものごとはよく見えないってことさ。かんじんなことは，目に見えないんだよ。
> (サン＝テグジュペリ『星の王子さま』p.103)

　英語は主語をはっきりとことばで表さなければならない言語であるが，日本語は主語をいわなくてもよい言語である。このことから即座に，英語は論理的だが日本語は非論理的だという「知識人」は少なくない。しかし，残念ながらその「知識人」の「知識」はまったく正しくない。ある言語が論理的で，別のある言語は非論理的だなどということは決してない。同様に，ある言語は優れているが，別のある言語は劣っているなどということも決してない。論理性や優劣の点において人間の言語の間には差はないのである。日本語で表面に現れない主語の中には，心の中にはっきりと存在しているものもある。これとは逆に，英語で表面に現れている主語が実は心の中では意味のない空っぽなものだったりする（たとえば，天候の it や仮主語の it のように）。英語と日本語をトータルに考えてみれば，この2つの言語には「大した違い」はない。本節では，主語に関して，《英語で考える》とはどういうことかを明らかにしていきたい。さらに，目にみえない日本語の主語をみつけ出す方法も教えていきたい。

1 目にみえない主語をみつけだせ

　日本語にも英語にも《主語》はある。しかし，日本語は主語をあえて明示しない傾向があるのに対して，英語では必ず明示しなければならないという相違がある。《何が主語になるのかを意識すること》，それが《英語で考える》ということである。次の日本語を英訳してみよう。

(1)　この道を行けば駅に着きます。

(1)には主語が現れていない。具体的にいうと，誰が「この道を行く」のか，誰が「駅に着く」のかが明示されていない。(1)は特定の人物だけに成り立つものではなく，誰にでも成り立つ。このことから，私たち日本人は，(1)の文中に《一般的な人》を意味する主語が隠れていることに気づく。英語で《一般的な

人》を表す単語に you がある。そこで主語に you を使い(1)を英訳すると(2)になる。

(2) If you follow this road, you will get to the station.　　　　　　　　(cf. (1))

(2)は文法的な英語である。しかし，ネイティブには(2)よりも好む表現がある。日本人の感覚からは信じられないかもしれないが，ネイティブは(1)の「この道」を主語に置いて(3)のような文をつくる。

(3) This road takes you to the station.　　　　　　　　　　　　　　　(cf. (1))

(3)をあえて日本語に翻訳し直せば，「この道はあなたを駅まで連れて行く」のようになる。この訳は日本語として非常に違和感がある。というのも，《無生物》の「この道」が主語になっているからである。一般的に日本語では無生物を主語選択の際のオプションにすることはほとんどない。つまり，日本語では無生物が主語になることはあまりない。しかし，《英語で考える》際には無生物も主語選択のオプションに用意しておかなければならない。

　それでは，(4)の日本語で英語の主語としてふさわしいものはなんだろうか。

(4) ひどい頭痛のため，私は寝ていなければならなかった。

(4)の日本語には「私」という主語が現れている。だから，英訳の際も「私」を主語にして，たとえば(5)のような英文をつくってももちろんよい。

(5) Because I had a bad headache, I had to stay in bed.

しかし，無生物を主語選択の際のオプションに入れておけば，「ひどい頭痛」を主語にした(6)のような英文を書くことができる。

(6) A bad headache forced me to stay in bed.

(6)をあえて日本語に翻訳し直せば，「ひどい頭痛が私を寝させた」のようになる。この日本語訳は(4)の日本語と比べるととても不自然であるが，英文に関する限り，ネイティブは(5)よりも(6)を好んで使う。このように日本語と英語では無生物の主語に関する感覚が異なっているのである。

2 日本語の形から主語を絞り込め

　冒頭で日本語は主語をあえて明示しない傾向にあると述べた。それは，日本語には，あえて明示しなくても主語をある程度絞り込むことが可能な場合が多いからである。たとえば，(7)の「行こう」と「思う」の主語はどちらも「私」でしかありえない。

(7)　行こうと思う。

(7)の「行こう」の主語は必ず「私」であり，「私以外の人」の可能性はない。また，「思う」の主語も必ず「私」であり，こちらも「私以外の人」の可能性はない。したがって，(7)には主語が明示されていないが，もし(7)を英訳するとしたら，主語に 'I' を用いた(8)のような英文しか考えられない。

(8)　I think I will go.

次に，(7)の「行こう」を「行く」に変えた(9)をみてみよう。

(9)　行くと思う。

(7)と同様に，(9)の「思う」の主語は必ず「私」である。さらに，(9)の状況では，「行く」の主語は「私以外の人」となるのが自然である。したがって，(9)には(10)のような英訳が与えられることになる。

(10)　I think {he/she/you/they} will go.

(10)で示されているように，will go の主語には 'I' 以外の he/she/you/they などがくることになる。

　興味深いことに，(7)の「思う」を「思っている」に変えるだけで，(7)とは異なる主語の組み合わせになる。(11)をみてみよう。

(11)　行こうと思っている。

「思っている」は「思う」とは違って，「私」以外の主語も来ることができる。(11)の「思っている」の主語がたとえば「彼」であれば，「行こう」の主語も

「彼」でなければならない。また，「思っている」の主語が「彼女」であれば，「行こう」の主語も「彼女」でなければならない。つまり，(11)において，「思っている」の主語と「行こう」の主語は必ず同じでなければならないということである。したがって，(11)には主語が明示されていないが，(12)のような英訳が与えられることになる。

(12)　a. I think I will go.
　　　b. He thinks he will go.
　　　c. They think they will go.

　さらに興味深いことに，(9)の「思う」を「思っている」に変えるだけで，(9)とは異なる主語の組み合わせになる。(13)をみてみよう。

(13)　行くと思っている。

(13)の「思っている」の主語がたとえば「彼」であれば，「行く」の主語は「彼以外」でなければならない。また，もし「思っている」の主語が「彼女」であれば，「行く」の主語は「彼女以外」でなければならない。つまり，(13)において，「思っている」の主語と「行く」の主語は必ず異なっていなければならない。したがって，(13)には主語が明示されていないが，(14)のような英訳が与えられることになる。

(14)　a. I think he will go.
　　　b. He thinks I will go.
　　　c. They think she will go.

以上みてきたように，日本語では主語をあえて明示しなくてもある程度絞り込むことができる場合がある。この《主語を絞り込む》という作業は，英文を書くために欠くことのできない「下準備」となる。

 まとめ　(1) 日本語で明示されていない主語をみつけだせ。
　　　　　　(2) 無生物を主語選択の際のオプションに入れよ。

2.5 英単語をどう並べるか？

日英語の語順の違い

> 英語とは英語らしさのことだ，といま僕は思う。少なくとも僕にとってはそうだ。ふとしたものの言いかたのなかに英語らしさを感じるためには，英語らしくない言葉の代表として，反射板さながらに，日本語が機能しているのだろうか。
>
> （片岡義男『日本語と英語』p.108）

人間の言語は文字で表すとすれば，直列に表記するしかなく並列に表記することはできない。これは，発音上同時に2つの単語を言うことはできないことによる。言語は直列に表記するしかないので，ある単語と別の単語との間に順序が発生することになる。英語で考えて書くためには英語の単語の並べ方，すなわち英語の語順に従わなければならない。しかし，英語の語順の特徴は英語だけを漠然と眺めていても学習者の脳裏にしっかりと刻み込まれることはない。日本語の語順が自由であることは，日本語の例を観察することによってはじめてはっきりとわかる。英語の語順がかなり制限されていることを知るのは，英語を書く際に極めて重要である。

1 英語の語順は日本語の語順より制限がはるかに厳しい

英語の語順は日本語の語順と比べると制限がかなり厳しい。

(1) a. 謙介が桃子に手紙を送った。
   b. 桃子に謙介が手紙を送った。
   c. 手紙を謙介が桃子に送った。
   d. 謙介が手紙を桃子に送った。
   e. 桃子に手紙を謙介が送った。
   f. 手紙を桃子に謙介が送った。

(2) a. Kensuke sent Momoko a letter.
   b. Momoko sent Kensuke a letter.
   c. *A letter sent Kensuke Momoko.
   d. *Kensuke sent a letter Momoko.
   e. *Momoko sent a letter Kensuke.
   f. *A letter sent Momoko Kensuke.

(1)の日本語と(2)の英語を比べてみよう。日本語の(1a)から(1f)はどれも文法的でほぼ同じ意味である。しかし，(1)の英訳として適切なのは(2a)だけである。(2b)は文法的ではあるが，手紙の送り主と送り先が(1)とは逆になってしまうため(1)の訳としては不適切である。また，(2c)から(2f)は，(1)の訳語として不適切であるばかりか英文としてまったく意味をなしていない。英語は(3)に示されている語順の制限を厳密に守っている。英語で考えて書くためには，そのことを念頭に入れておかなければならない。

(3) 主語―動詞―間接目的語―直接目的語

英語における語順の制限は文だけにとどまらない。(4)と(5)を比べてみよう。

(4) a. かわいらしい小さな赤いくつ
    b. 小さなかわいらしい赤いくつ
    c. 赤いかわいらしい小さなくつ
    d. かわいらしい赤い小さなくつ
    e. 小さな赤いかわいらしいくつ
    f. 赤い小さなかわいらしいくつ

(5) a. cute small red shoes
    b. *small cute red shoes
    c. *red cute small shoes
    d. *cute red small shoes
    e. *small red cute shoes
    f. *red small cute shoes

日本語では名詞句の中に現れる形容詞の語順に厳しい制限はない。日本語の(4a-f)はどれも文法的で，ほぼ同じ意味である。しかし，(4)と同じ意味を表す英語は(5a)だけであり，(5b-f)はすべて非文法的になる。英語は名詞句の中に現れる形容詞の語順が(6)の制限を厳密に守っている。英語で考えて書くためには，そのことを念頭に置かなければならない。

(6) 評価―大小―色彩―名詞

2   英単語を置く位置は決められている

英語における語順の制限はほかにもある。(7)と(8)を比べてみよう。

(7) a. 物理学を専攻している 長髪の 学生
     b. 長髪の 物理学を専攻している 学生
(8) a. the student of physics with long hair
     b. *the student with long hair of physics

「物理学を専攻している」ことや「長髪」は，どちらも学生の特徴であり，日本
語では(7a)の語順でも(7b)の語順でもいうことができる。英語で「物理学を専
攻している」に対応するのは of physics であり，「長髪」に対応するのは with
long hair である。of physics と with long hair はどちらも前置詞句だが，(8a)
の語順ではいえるものの，(8b)の語順ではいえない。英語には前置詞句の現れ
る語順に関して，(9)のような厳しい制限がある。

(9) 名詞—《**目的語**の前置詞句》—《**修飾語**の前置詞句》

(8)の名詞 student と of physics の関係は，動詞 study とその目的語 physics の
関係と似ている。つまり，(8)の of physics は名詞 student にとっての《目的語》
にあたると考えられる。一方，(8)の with long hair は，名詞 student を修飾す
る《修飾語》にすぎない。英語で考えて書くためには，前置詞句の語順が(9)の
制限を厳密に守っていることを頭に入れておかなければならない。

　英語を書く際，《副詞を文中のどの位置に置くか》にも注意する必要がある。

(10) a. **昨日**私は寿司を食べた。
      b. 私は**昨日**寿司を食べた。
      c. 私は寿司を**昨日**食べた。
      d. *私は寿司を食べた**昨日**。
(11) a. **Yesterday** I ate sushi.
      b. *I **yesterday** ate sushi.
      c. *I ate **yesterday** sushi.
      d. I ate sushi **yesterday**.

(10)の日本語とそれに対応する(11)の英訳を比べてみよう。日本語の副詞「昨日」は，(10a-c)のように基本的に文中のどの位置にも自由に置くことができる（ただし，日本語では文末が述語動詞の指定席なので，文末に副詞を置くと(10d)のように非文法的になる）。一方，英語の副詞 yesterday の置ける位置には制限があり，(11a)のように文頭か(11d)のように文末にしか置くことができない。たとえば，(11b)のように主語と動詞の間や，(11c)のように動詞と目的語の間に置くことは許されない。したがって，(10a-c)を英訳する場合には，「昨日」にあたる yesterday を文頭(cf. (11a))か文末(cf. (11d))に置かなければならない。このように，日本語の副詞とは違って英語の副詞は，置かれる位置に厳しい制限がある。

　さらに，英語では副詞の置かれる位置によって意味が変わってしまう場合がある。まず，(12)の日本語を英語に訳してみよう。

(12)　**不思議なことに**彼はその質問に答えた。

(13)　a.　**Strangely** he answered the question.

　　　b.　He answered the question **strangely**.

日本語の「不思議なことに」に対応する英語の副詞に strangely がある。(11)の yesterday が置ける位置を考慮に入れると，strangely は(13a)のように文頭か，または(13b)のように文末に置けるはずである。実際，(13a)も(13b)も文法的であり，英語としてなんら問題がない。しかし，日本語の(12)の英訳としては，(13a)は適切であるが，(13b)は不適切である。というのも，(13b)を日本語に訳すと「その質問に彼はおかしな答え方をした」という意味になってしまうからだ。つまり，strangely は文頭に置かれると文全体を修飾する《文副詞》として捉えられるのに対して，文末に置かれると動詞の様態を表す《様態副詞》として捉えられる。このように英語の副詞の中には，置かれる位置によって解釈が変わってしまうものもある。このことから，英語で書く際には，《副詞を文中のどの位置に置くか》についても細心の注意を払う必要がある。

 まとめ　（1）英語は語順の制限が日本語よりも厳しい。
　　　　　　（2）英語の副詞は置く位置に注意せよ。

2.6 調べて書く
ライティングのための辞書活用

言語現象の解明という究極の目的のために，文法からと語法からの2つのアプローチがある。
（小西友七（編）『現代英語語法辞典』p.iv）

　英語の4技能のうち，「話す」と「書く」はともにアウトプット系の技能に分類されるが，この2つに求められる力には大きな違いがある。話す場合に大事なのは，相手の発話にすぐに反応する「**即時性**」である。たとえ文法的に不完全な表現であっても，会話では表情やジェスチャーなどで補いながら自分の意図を相手に伝えることができる。それに対し，書きことばでは書かれた表現がすべてである。表情などの視覚情報がない分，ことばだけで自分の意図を余すところなく伝えなければならない。そこに求められるのは「**正確性**」である。別の角度からみれば，書く活動においては即時性が要求されない分，じっくりと時間をかけて表現を吟味することができる。つまり，「調べて書く」ことができるのである。そのときに私たちを助けてくれるのが，各種の辞書である。この節では，自分の言いたいことを正確に伝えるための辞書の活用法について考えてみたい。

1 和英辞典だけに頼らない

　英作文での辞書活用というと，まず思い浮かぶのは日本語に対応する訳語をみつけるために和英辞典を使うことである。たとえば，次の和文英訳を考えてみよう。

(1) a. 公的年金制度は富の再配分のための重要な仕組みである。
　　b. The public pension plan is an important system for redistribution of wealth.

ここでは「公的年金制度」や「富の再配分」といった専門用語，あるいはやや抽象度の高い概念が出てくる。一見難しそうに思えるかもしれないが，これらの日本語を和英辞典で引けば（あるいはネットで検索すれば），すぐに対応する英訳がみつかる。そしてその表現を使って(1b)のような正しい英文をつくることができる。調べて書く英作文の問題としては，実は(1a)の難易度はそれほど

高くない。

　逆に，(2a)には難しい単語が含まれていないが，多くの日本人英語学習者が陥るワナがひそんでいる。

(2) a. 職場で私の自転車が盗まれるという事件があった。
　　b. *There was a case that I had my bycicle stolen at my office.
　　c. There was a case in which I had my bycicle stolen at my office.

(2b)は日本語の「…という事件」を同格の that 節を用いて a case that ... とした誤訳例である。「事件」という意味を表す英語の単語 case は同格節をとらないので，(2c)のように前置詞つき関係代名詞 in which（あるいは関係副詞 where）を使って訳す必要がある。

　このように，**英作文をするときには日本語に対応する訳語だけでなく，単語がもつ構文上の特性を調べる必要がある**。そのような情報を確認するのに役立つのが，(3)のような英和辞典の記述である。

(3) **case** /keɪs/（名）((複) ～s/-iz/)(C)
　　5 犯罪事件，犯行例，事犯
　　6 ［通例 a ～]（論拠に基づく）《…という》主張，訴え，申し立て《that 節》
　　　　　　　　　　　　　　　　　　　（『ウィズダム英和辞典』第 4 版）

名詞 case にはさまざまな意味がある。そのうち「主張，訴え，申し立て」の意味で用いるときに同格の that 節をとれることは，語義番号 6 の構文情報から確認することができる。他方で「犯罪事件，犯行例，事犯」を表す語義番号 5 にはそのような記載がない。ということは，case がこの意味で使われるときには同格の that 節をとらないということである。単語の意味に応じた構文の使い分けは日本語母語話者にとっては判断が難しいので，英和辞典で裏をとる必要がある。

　英作文において和英辞典は訳語の候補をみつけるのに便利であるが，それだけで事足りることはむしろまれであるといってよい。和英辞典で訳語の「あたり」をつけたら，英和辞典などほかの辞書を用いて，どの訳語をどのように使うのがふさわしいかを吟味していく。**和英辞典だけに頼らないことが重要である**。

2　用途に応じて辞書を使い分ける

　腕のいい職人がたくみに道具を使い分けるように，英作文上級者は用途に応じて辞書を使い分ける。前項で構文情報を調べるには英和辞典が役立つことを紹介したが，類義語の意味の違いを調べるには英英辞典を活用するとよい。(4)の例を考えてみよう。

(4)　a. 私は恥ずかしくて彼女と話すことができなかった。
　　　b. I was too {ashamed/embarrassed} to talk with her.

和英辞典を調べると，「恥ずかしい」の訳語の候補として ashamed, embarrassed, shy があがっている。そして英和辞典を調べると，(4b)のように to 不定詞をとることができるのは ashamed と embarrassed であることがわかる。ではこの2つの語の間にはどのような意味の違いがあるのだろうか。ここで英英辞典の出番である。**英文による語義説明や豊富な例文から，日本語の訳に反映されない微妙なニュアンスを理解できる**。ashamed と embarrassed の記述を比較してみよう。

(5)　**ashamed** /əʃéɪmd/ *adj* [not before noun]
　　1 feeling very sorry and embarrased because of something you have done | **be ashamed to do sth** *I'm ashamed to admit that I've never read any of his books.*
　　embarrassed /ɪmbǽrəst/ *adj*
　　1 feeling uncofortable or nervous and worrying about what people think of you, for example because you have made a silly mistake, or because you have to talk or sing in public.
　　　　　　　　　　　　　　(*Longman Dictionary of Contemporary English*, 6th edition)

ashamed で表される恥ずかしさが話者の内面に起因するのに対し，embarrassed では周囲の注目によって恥ずかしさが生じていることがわかる。したがって，ashamed は「罪悪感」や「やましさ」，embarrassed は「緊張感」や「きまりの悪さ」といった感情と結びついている。どちらを使っても文法的には誤りではないが，自分が伝えたい内容に合わせて適切な方を選択する必要がある。

　また，英語らしい文をつくるためには語と語の自然な結びつきに気をつけな
ければならない。日本語でも，傘は「開く」よりも「さす」，辞書は「読む」よ
りも「引く」という動詞と相性がよい。このような単語の相性をコロケーショ
ンという。英語の辞書にはコロケーション情報に特化したものもあり，英作文
でたいへん重宝する。たとえば，「色よい返事」は英語でなんといったらよいだ
ろうか。直訳して colorful reply としてしまうと，まったく意味が通じなくなっ
てしまう。コロケーション辞典で reply を調べると，この単語を形容詞や名詞
で修飾するさまざまな連語表現が掲載されており，その中の1つとして下の例
がみつかる。

(6)　**relpy** *n.*　返事，回答
　　《**形容詞・名詞＋**》I trust we shall soon receive your **favorable** *reply.*　好意的な
　　ご返事を近いうちにいただけるものと思っております

(『新編英語活用大辞典』)

名詞 reply を修飾する肯定的な形容詞として，favorable が使えるのである。た
とえ「色よい」の訳語として favorable を思いつかなかったとしても，辞書を
調べることで favorable reply という表現にたどり着くことができる。このよう
な発見があるのも，辞書を引く楽しみの1つである。

まとめ　目の前に相手がいない「書く」活動においては，即時性よりも正確性が大事
　　　　　である。そのために辞書を活用しよう。

　　(1)　まずは和英辞典で訳語の候補をあげていく。
　　(2)　構文に関する情報は英和辞典で確認できる。
　　(3)　類義語の選択に迷ったら，英英辞典で語のニュアンスを調べる。
　　(4)　コロケーション辞典を活用して，語と語の自然な結びつきをみつけるこ
　　　　とができる。

2.7 日本語との距離を意識して書く
日英語の類型的違い

〈する〉的な言語と〈なる〉的な言語という対立は，言語類型学的に極めて基本的な特徴
であるように思われるのである。(池上嘉彦『「する」と「なる」の言語学』pp.281-282)

　日本語母語話者が英文を書くときには，いやおうなく日本語の影響を受けて
しまう。たとえ「和文英訳」ではなく最初から英語で書く場合でも，私たちが
日本語の発想から抜け出すのはなかなか困難なのである。ときおり，文法的に
間違ってはいないがなんとなく背景に日本語が透けてみえるような英文に出会
うことがある。それはあたかも和食風に味つけされた洋食のようなもので，私
たちには違和感がなくても，英語母語話者の口には合わないだろう。したがっ
て，自然な英文を書くには英語だけでなく日本語の特徴も熟知して，両者の距
離を意識する必要がある。世界のさまざまな言語を観察して，それらの類似点
と相違点を抽出する言語学の分野として「言語類型論」というものがある。こ
の節では，これまでの言語類型論研究が明らかにした日本語と英語の相違点を
紹介するとともに，その知見を英語のライティングに活用する方策を探ってみ
たい。

1 「する」型の英語と「なる」型の日本語

　筆者の個人的な話で恐縮だが，中学校で英語を勉強し始めた頃，「6月には雨
がたくさん降ります」を英語では We have a lot of rain in June. ということを
知ったときの衝撃は忘れられない。直訳すると「私たちは6月にたくさんの雨
をもっています」である。同じ事態を表すのでも，日本語では雨がおのずと降
っているさまを描写するのに対し，英語では「もつ」動作の主体として「私た
ち」が明示されている。つまり，日本語は事態そのものを中心に据えてその原
因や主体を必ずしも明示しない傾向がある「なる」型の言語であるのに対し，
英語は動作主を主語として文構造の先頭に置くことを好む「する」型の言語で
あるといえよう。

　「なる」型言語の発想をそのまま英語にあてはめると，時として「日本語らし
い英語」が生まれてしまうことがある。その一例として，(1a)をどのように英

語で表現するかを考えてみよう。

(1) a. 昨日生徒会があり，太郎が議長に選ばれた。

   b. There was a student council yesterday and Taro was elected as chair.

   c. The members of the student council *met* yesterday and they *elected* Taro as chair.

(1b)は(1a)の日本語を忠実に英語に置き換えた英訳であり，there 構文と受け身が用いられている。これらはいずれも，動作主を明示しない典型的な「なる」型の表現である。それに対し，(1c)は「生徒会のメンバーが昨日<u>集まって</u>，太郎を議長に<u>選んだ</u>」という「する」型表現である。どちらの表現も文法的には間違いではないが，(1c)の方がより英語らしい表現であるといえよう。とくに日本人英語学習者は there 構文を多用する傾向があるので，注意が必要である。

　また，(2)のような無生物主語構文も，英語の発想が反映された「する」型の表現である。

(2) a. This dress *makes* me look fat.

   b. Medical advances have *enabled* people to live longer.

   c. The experience *taught* me that honesty is the best policy.

これらの文では，モノやコトがあたかも動作の主体のようにふるまっている。日本語にすると，「その服が私を太ってみ<u>えさせる</u>」「医学の進歩が人々が長生きすることを<u>可能にした</u>」「その経験が私に正直は最善の策であることを<u>教えた</u>」となり，いずれもぎこちない言い方になってしまう。しかし，英語の表現としてはむしろ自然である。

　このような日英語の違いを踏まえ，英文を書くときには頭の中に思い浮かんだ「なる」型の日本語表現をいったん別の「する」型表現に言い換える「和文和訳」をするとよい。その際，「なる」型表現では示されない動作の主体は誰かを考えたり，無生物を動作主に見立てたりするのがコツである。その一手間をかけることで，より自然な英文を書くことができる。

2　主語卓立型の英語と話題卓立型の日本語

　英語と日本語の類型的違いを別の角度からみてみよう。英語の文には，人で
あれ無生物であれ，必ず主語が必要である。主語になる適当な要素がないとき
には，形式的に it や there を置いてまで主語を明示する。このように，英語は
文の中で主語が目立つ「**主語卓立型**」の言語である。他方で，日本語の文に主
語は必ずしも現れない。代わりに文頭に頻繁に現れるのが，(3)のように「〜は」
で標示される要素である。

(3)　a. <u>太郎は</u>昨日友達と映画をみに行った。
　　　b. <u>その映画は</u>まだみていない。
　　　c. <u>昨日は</u>友達と映画をみに行った。

(3a)の「太郎」は「映画をみに行く」行為の主体であり，文の主語として解釈
することができる。しかし「〜は」で標示できるのは主語に限らない。(3b)の
「その映画」は目的語であり，(3c)の「昨日」は時の表現である。これらの表現
に「は」をつけたものを「話題」という。話題は文の先頭に置かれて，その文
が何について述べているのかを表す。(3a-c)はそれぞれ，「太郎が何をしたか」
「その映画をみたかどうか」「昨日何をしたか」について述べた文である。日本
語は，主語が明示されない代わりに話題要素が文頭に現れる「**話題卓立型**」の
言語である。

　このことを踏まえて，(4a)の日本語をどのように英語で表現したらよいかを
考えよう。(4b-d)の前半部分は同じであるが，however 以下が異なっている。

(4)　a. 専門家たちが当社の新製品の欠点を指摘した。しかし，問題はまだ解決して
　　　　いない。
　　　b. Experts pointed out shortcomings of our new product. However, as for the
　　　　problems, we have not solved them yet.
　　　c. Experts pointed out shortcomings of our new product. However, the prob-
　　　　lems have not been solved yet.
　　　d. Experts pointed out shortcomings of our new product. However, we have
　　　　not solved the problems yet.

英語にも，主語に加えて話題要素を明示する手段があり，その１つが(4b)のように as for ... や with respect to ... といった表現とともに主語の前に話題を置くやり方である。しかし，**主語卓立型の英語でわざわざ話題要素を文頭にもってくると，そこにはある種の「特別感」が醸し出される。**そこでこれらの表現は，文章中に新たな話題を導入するときに好んで用いられる。

(5)　My family members are all Dragons fans. As for me, I am a great fan of Tigers.

この文では，書き手の家族と書き手自身を対比させるために，第 2 文で as for を使って「私はといえば」と新たな話題を提示している。他方で，(4b)で話題として提示されている the problems は前文の shortcomings と同じものを指しており，as for を使って取り立てるほど特別な要素ではない。したがって，(4c)のように the problems を主語とした受け身文として表す方が自然である。

　では，(4c)を能動態にした(4d)はどうだろうか。先ほど，日本語は「なる」型であり英語は「する」型であると述べた。その点を考えれば，「なる」型表現の受け身を使った(4c)よりも，「する」型表現の能動態を用いた(4d)の方がよいと思うかもしれない。しかし，(4d)では第 1 文で既出の情報 our shortcomings が第 2 文の文末位置に the problem として生じており，2 つの文のつながりが悪くなっている（この点については 2.9 節を参照）。総合的に考えると，やはり(4c)が最善であろう。

　このように，**英文を構成する際には，「する」型と「なる」型，主語卓立型と話題卓立型，既出の情報と新しい情報の配置など，**さまざまな要因を考慮しながら，もっとも自然な語順や構文を選択する必要がある。

まとめ

(1)「する」型言語の英語では動作の主体が現れやすいが，「なる」型言語の日本語では動作主や原因が明示されない傾向がある。

(2) 英語は「主語卓立型」言語であるのに対して，日本語は「話題卓立型」言語である。

(3) 日本語を英語に置き換えるときには，いったん英語の発想で「和文和訳」をしてみるとよい。

2.8

単語を使い分ける
借用語のルーツと使用域

> 現在の英語を理解するためには，英語の過去について何かを学び知っていることは有益
> である。
> （ヤツェク・フィシャク『英語史概説 第 1 巻 外面史』p.20）

　英語を書くときに頭を悩ませるのが，単語選択の問題である。なぜなら，同じ物や概念を表す単語がいくつもあることがめずらしくないからである。たとえば，食事をする店を表す単語には eatery, restaurant, cafeteria などがあるが，それぞれの単語から想起される印象は少しずつ違っている。これはちょうど，日本語の「めしや」「料亭」「レストラン」が異なる種類の飲食店を表しているのに似ている。それぞれの単語には，それを使うのにふさわしい場面や状況があり，これを「**使用域**」とよぶ。そしてある単語の使用域は，その単語のルーツから推測できることが多い。日本語の場合，庶民的な「めしや」は和語で，高級な「料亭」は漢語，そしておしゃれな「レストラン」は外来語である。同様に，eatery が英語本来の語であるのに対して，restaurant はフランス語，cafeteria はスペイン語から取り入れられたものである。そこでこの節では，単語のルーツを手がかりにして，それらを使用域に応じて使い分けるコツを考えてみたい。

1　フランス語からの借用語は「きちんとした」表現

　英語は歴史的発達の過程で，世界のさまざまな（一説によると 350 以上に及ぶ）言語から単語を取り入れた。そのような「**借用語**」の数は，もともと英語にあった「**本来語**」の数を上回るほどである。その中でもとくに強い存在感があるのが，フランス語由来の借用語である。1066 年にフランス語を母語とするウィリアム I 世がイングランドを征服してノルマン王朝を成立させたのを契機に，英国では約 300 年にわたってフランス語が公用語としての地位を占めていた。その結果，おびただしい数のフランス語が英語に流入し，その多くが現在でも使われている。**上流階級の言語であったフランス語から借用された単語は，今も「かたくて上品な」イメージと結びついている。**フランス語借用語は，日本語の語彙における漢語と同じ役割をはたしていると考えるとわかりやすいだ

ろう。

　したがって，同じことを表すのに日常的な場面では英語の本来語を使い，フォーマルな雰囲気を出すときにはフランス語借用語を積極的に用いることになる。次の2つの表現を比較してみよう。

(1)　a.　The leader began the meeting.
　　　b.　The president commenced the conference.

(1a)で使われている単語がすべて本来語であるのに対し，(1b)で用いられている president, commenced, conference はフランス語から借用された単語である。違いがわかるように訳し分けてみると，(1a)が「上の人がミーティングを始めた」，(1b)が「会長が会議を開会した」のようになるだろう。前者では日常的な会議の場面がイメージされるのに対し，後者では大規模な，あるいは公式な会議がイメージされる。

　また英語の語彙には，get off, give up, look for などのように動詞と副詞からなる「句動詞」が多く存在するが，これは英語が属するゲルマン系言語の特徴を反映したものである。(2)の表は，句動詞とフランス語借用語の対応関係を示している。

(2)

本来語の句動詞	フランス語借用語	意味
go through	experience	経験する
keep on	continue	続ける
make over	transfer	譲り渡す
put up with	endure	我慢する
take out	remove	取り出す

句動詞は動詞と副詞の組み合わせからその意味がイメージされにくく，また1つの句動詞がさまざまな意味をもつことから，苦手とする日本人英語学習者が多い。そこでつい，意味の輪郭がはっきりしているフランス語借用語を使ってしまうこともあるだろう。しかし，SNS などの日常的なくだけた文章でかたい借用語を使ってしまうと，かえって不自然になってしまうこともある。**時と場合に応じて，くだけた本来語とかたい借用語を使い分けることを心がけよう。**

2　ラテン語とギリシャ語からの借用語は「かたい書きことば」

　フランス語からの借用語と並んで英語の語彙を豊かにしているのが，ラテン語とギリシャ語からの借用語である。ラテン語は中世ヨーロッパにおける学術と文化の標準語であり，英語にも多くの単語が取り入れられた。また，16世紀以降には，古典文化の復興を目指すルネッサンスが英国に波及し，大量のラテン語とギリシャ語の語彙が借用された。今日まで使用されている単語には，次のようなものがある。

(3)　ラテン語借用語：appropriate（適切な），assassinate（暗殺する），denunciation（弾劾），encyclopedia（百科辞典），expensive（高価な），expectation（期待），habitual（習慣的な），impersonal（非人間的な），malignant（悪意のある），mediate（仲裁する）など

(4)　ギリシャ語借用語：anachronism（時代錯誤），anonymous（匿名の），atmosphere（雰囲気），catastrophe（大惨事），chronology（年代学），criterion（規準），dogma（教義），enthusiasm（熱狂），skelton（骨格），thermometer（温度計）など

こうしてみてみるとラテン語とギリシャ語からの借用語の多くが，書きことばで用いられるかたい単語であることがわかる。

　実際，これらの単語を話しことばで使うと不自然に感じられることもある。生徒（S）と先生（T）の次の会話を考えてみよう（[#]は文脈的に不自然であることを表す）。

(5)　S: How do giraffs sleep?
　　　T: That's a good question. / [#]That's an appropriate question.

日本語でも先生が生徒をほめるときに「それはよい質問ですね」と言うことがあるが，「それは適切な質問である」とはあまり言わない。ラテン語借用語を用いた "That's an appropriate question." にはそれと似た響きがある。逆に，かたい書きことば，たとえば(6)のような学術的な文章では，(3)や(4)の単語を積極的に使っていきたい。

(6) It is not evident at all that it is appropriate that the consumer bears part of the burden of effluent or emission fees in the form of higher prices. （汚水や排気にかかる課徴金の一部を消費者が高額な料金という形で負担するのが適切だということは決して自明ではない。）

　この文に含まれる内容語のうち，evident, appropriate, consumer, effluent, emission, price はラテン語に由来する借用語であり，fee, form はフランス語借用語，そして残りの bear, burden, high が本来語である。**文章中のラテン語ならびにギリシャ語の借用語の含有率が高くなると，一気にアカデミックな雰囲気が出てくる**（それだけに，内容が伴っていないと痛々しい文章になってしまうので注意しなければならないが）。

　では，ある単語がどのような使用域をもっているか，あるいはどの言語に由来するのかはどうやって知ることができるだろうか。もっとも確実なのは，やはり辞書を調べることである（2.6 節参照）。多くの英和辞典では，語義の最初に《かたく》や《くだけて》などの使用域を表すレーベルをつけたり，見出し語の冒頭で［＜ラテン］などのように単語の起源を表示したりしている。また，単語の綴りの特徴からも由来を類推することができる。(3)の expensive, expectation に含まれる「…から外へ」を表す接頭辞 ex- はラテン語を起源とし，(4)の chronology のほか学問分野の名称に用いられる接尾辞 -ology はギリシャ語に由来する。さらに，phenomenon/phenomena, criterion/criteria のように複数形が -(e)s ではなく -a で終わる名詞は，ほぼ例外なくラテン語またはギリシャ語を起源とする。こういった手がかりをもとに単語の使用域を判断して，場面や状況に応じて使っていきたい。

まとめ (1) それぞれの単語には，それを使うのにふさわしい場面や状況（＝使用域）がある。

(2) 英語本来語は「素朴で日常的な」，フランス語借用語は「かたくてきちんとした」，ラテン語ならびにギリシャ語の借用語は「格好つけてアカデミックな」雰囲気をもっている。

(3) 単語の使用域を知るには，辞書の情報を頼りにしたり，接辞や複数形の形態から判断したりするとよい。

2.9 文章の流れを意識して書く
情報の配置と構文選択

> 談話部門は，変換部門を経て生成された表層構造をふるいにかける部門である。
> （久野　暲『談話の文法』p.306）

　英文を書くときに気をつけなければならないのは，まずは文法的に正しい文をつくることである。身振りなどの非言語的伝達手段が使えない書きことばにおいて，これは必須である。しかし，「正しい文」がすなわち「適切な文」であるとは限らない。たとえば，同じ内容を表すのでも，ある場合には能動態がふさわしく，別の文脈では受動態が適切であったりする。文章が読み手にあてて書かれたメッセージである以上，書き手は常に読み手がストレスなく読むことのできる文章を心がけなければならない。文章作成で大切なのは，この「読み手ファースト」の意識である。この点は英語でも日本語でも同じである。では，読み手が読みやすい文章の特徴とはどのようなものだろうか。そのような観点で適切な文の条件を研究するのが，「談話文法」という言語学の一分野である。この節では談話文法の知見に基づき，文と文との情報の引き継ぎ，そして文章の視点という 2 つの点から，読みやすい文章の条件を考えてみたい。

1　情報の引き継ぎは処理労力を最小限に

　前章「英語の読み方」の 1.6 節において，文章の中ですでに言及されている内容を「旧情報」とよび，はじめて出てくる内容を「新情報」とよぶこと，そして文レベルでの自然な情報の流れが「旧情報→新情報」であることを紹介した。このような**「情報の流れ」**を意識することは，文章を読むときだけでなく書くときにも有益である。例として，「その著者が言語学に関する新しい本を出版した。それは文法化とよばれる現象を扱っており，多くの関心を集めた」という内容を表した次の 2 つの文章を比べてみよう。いずれも，文法的には正しい文である。

(1)　a.　The author published a new book on linguistics. It deals with a phenomenon called grammaticalization. This topic has attracted a lot of attention.

b. A new book on linguistics was published by the author. A phenomenon called grammaticalization is dealt with in the book. A lot of attention has been attracted to this topic.

両者の違いは，(1a)で旧情報（the author, it, this topic）が文頭に置かれているのに対し，(1b)では新情報（a new book, a phenomenon, a lot of attention）が文頭にきている点にある。圧倒的に読みやすいのは前者であるが，それはなぜだろうか。

(1a)における新情報から旧情報への情報の引き継ぎを図式的に表すと，(2)のようになる。四角の囲みは，それぞれの文を表している。

(2)

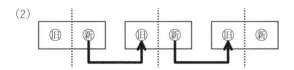

各文の中で旧情報が文頭，新情報が文末に配置されると，矢印で示したように**情報の受け渡しを文境界付近において至近距離で行うことができる**。そうすると，読み手は文中に登場した新情報を頭の中のワーキングメモリに長時間保持する必要がないので，図中の垂直線で挟まれた範囲を情報処理の単位として読み進めていくことができる。

他方，新情報が文頭に，旧情報が文末に配置されている(1b)では，情報の引き継ぎは(3)のように行われる。

(3)

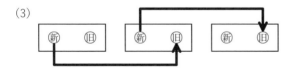

第1文の新情報が第2文の旧情報に引き継がれる前に別の新情報が現れ，読み手は両方をワーキングメモリに保持しながら読み進めなければならない。また，(2)のような情報処理のまとまりがないことも，読み手に大きな負荷をかける要因となっている。

2 **ぶれない視点で立場を一貫させる**

 文章の流れをよくするために意識したいもう1つのポイントとして，「**視点の一貫性**」をあげることができる。まずは視点の感覚を理解するために，次の2つの文が，ジョンとメアリーのどちらにより近い立場から書かれているかを考えてみよう。

(4) a. John criticized Mary.
   b. Mary was criticized by John.

(4a)が中立的立場，あるいは「ジョンが何をしたか」という視点から出来事を報告した文として解釈されるのに対し，(4b)は「メアリーが何をされたか」という視点で書かれた文である。

 このような視点の違いは，書き手が文中の人物に対してどの程度共感しているかによって生じる。文の主語への書き手の心理的共感度を E（主語）のように表すと，能動態での共感度と受動態での共感度は(5)のように尺度化することができる。

(5) a. 能動態の共感度：E（主語）≧ E（目的語）
   b. 受動態の共感度：E（主語）＞ E（by の目的語）

能動態では，書き手は主語と目的語に同じくらいの距離をとっているか，あるいは主語への共感度が高い。他方で，人を主語とする受動態では，書き手は by 句によって表される動作主よりも，動作の受け手である主語により近い立場から出来事を描写している。

 このことを踏まえて，次の2つの文章ではどちらが読みやすいかを考えてみよう。いずれも「先生は生徒を2つのグループに分け，一方には環境問題について議論させ，もう一方には図書館で文献を調査させた」という趣旨の文章である。

(6) a. The class was divided into two groups. The first group was directed to dis-
    cuss the environment problem. Then, the second group was told to survey

　　　the literature in the library.

　　b. The teacher divided the class into two groups. The first group was directed
　　　to discuss the environment problem. Then, she told the second group to
　　　survey the literature in the library.

(6a)がすべて受動態で構成されているのに対し，(6b)では第1文と第3文で能
動態が使われ，途中の第2文にのみ受動態が現れている。

　いずれの文でも能動態の主語は先生，受動態の主語は生徒からなるグループ
であることから，2つの文章における視点の流れを示すと(7)のようになる。

(7)　a. (6a)での視点の流れ：生徒→生徒→生徒

　　　b. (6b)での視点の流れ：先生・中立→生徒→先生・中立

ここから明らかな通り，(6a)は一貫して生徒の視点から書かれており，読み手
は生徒側に固定されたカメラから情景を眺めるようにして文章を読み進めてい
くことができる。紙幅の都合上ここでは取り上げないが，(6a)とは逆にすべて
の文を能動態で表して，先生側の視点で統一することもできるだろう。他方で，
(6b)では先生側，あるいは中立的な視点から文章が始まるが，第2文では生徒
側に視点が切り替わり，第3文でふたたび先生または中立の視点に戻る。これ
は次々とカメラが切り替わる手法にも似て，読み手は落ち着いて読むことがで
きない。小説ではこのような視点の切り替えを意図的に用いることもあるが，
読み手に何かを説明する論説的な文章では避けた方がよい。**まとまった内容を
述べる文章では，可能な限り視点を一貫させることを心がけよう。**

まとめ　英文を作成するときには，単に文法的に「正しい」文章を書くだけでなく，
読み手が読みやすい「適切な」文章を書く必要がある。その際，次の2点に
気をつける。

(1) 新情報から旧情報への引き継ぎ労力が最小限になるように構文を組み立
　　てる。

(2) まとまりのある文章ではなるべく視点がぶれないように，能動態と受動
　　態を選択する。

2.10 文章の種類に応じて書く
文体の使い分け

> 「文体とは何ですか？」と問われると，私は「文体は顔であり，声であり，その人である」と答えることがあります。　　　　　　（堀　正広『はじめての英語文体論』p.2)

　最後にこの節では，英語の文体について考えてみよう。「文体とは何か」を定義するのは難しいが，大雑把にいえば，語彙や文法を含めた文章全体の個性と考えればよいだろう。一流の作家や文筆家は，それぞれ独自の文体をもっている。文章を一目みただけで，誰が書いたかわかることもある。「もし村上春樹がカップ焼きそばのつくり方を書いたら」というネタがパロディとして成立するのは，村上春樹の個性的な文体をみんなが知っているからである。私たちが英語を使って文章を書く場合には，自分だけの文体を確立するのは困難であるが，それでも英語の文体を意識することは有意義である。なぜなら，文体は文章の種類によっても大きく変わってくるからだ。以下，くだけた文体をもつジャンルとして料理レシピと日記を紹介した後，かたい文体の代表として情報伝達文を取り上げ，文章の種類に応じて英語を書き分けるコツを考えてみたい。

1　レシピと日記の構文の特徴

　まずは料理レシピの文体の特徴を概観しよう。(1)はレシピサイト cookpad の英語版にある，ドーナッツのつくり方を説明したレシピである。

(1)　・Melt the butter and water on low heat until the butter completely melts. （バターが完全に溶けるまで弱火で水といっしょに溶かします）

　　　・Add flouer to the mixture and stir until everything is mixed, turn off the heat. （小麦粉を加えてよくかき混ぜ，火を切ります）

　　　・Heat up oil on low heat. （油を弱火で熱します）

　　　・Add one egg at a time, mix until you can't see any remnants of the eggs. （卵を1つずつ加え，均一になるまで混ぜます）

　　　・Shape the mixture into desired shapes. （生地を好みの形にします）

　　　・Put the shaped mixture into the pan when the oil is heated, flip when one side is golden color. （油が温まったら生地をフライパンにのせ，片面がきつね

色になったらひっくり返します）

・Take out the doughnut when both sides are golden yellow.（両面がきつね色になったら取り出します）
・Roll them on the sugar.（砂糖をまぶします）
(https://cookpad.com/us/recipes/10136170；2020 年 2 月 12 日閲覧，一部改変)

全体が箇条書きになっているのは日本語のレシピと同じであるが，構文上の最大の特徴は，動詞が現在形や過去形で現れず，命令文が基本の形となっている点である。また，複数の工程を 1 つの箇条書きに収める場合に，普通の文であれば現れる接続詞 and が省略されている。

　日記にも，通常の文章にはない構文上の特徴がみられる。英語では命令文を除いて必ず主語が現れなければならないが，日記では一人称を中心に主語がしばしば脱落する。(2)は，米国第 33 代大統領トルーマン（Harry S. Truman：在任 1945-53）の日記からの実例である。

(2)　a. Just *spent* a couple of hours with Stalin.
　　b. *Ate* breakfast with nephew Harry, a sergeant in the Field Artillery.
　　c. *Raised* a flag over our area in Berlin. It is the flag raised in Rome, North Africa and Paris.
　　　(http://www.nuclearfiles.org/menu/library/correspondence/truman-harry/
　　　corr_diary_truman.htm；2020 年 2 月 12 日閲覧)

いずれもイタリックの動詞に対する主語が省略されており，(2a, b)では一人称単数のI，(2c)では一人称複数の we が主語であると解釈される。日記は自分の行動を記録するためにつけられることも多く，おのずと主語として I や we が頻出する。そこで解釈に支障がない場合には，主語の脱落が生じる。ただし，日記といえども主語は自由に脱落できるわけではない。基本的には主節に限られる現象であり，従属節では通常の文体と同じように必ず主語が生じる。

　このように，**文章のジャンルによっては，命令文のように通常であれば特殊な構文が基本の形として用いられたり，接続詞の省略や主語の脱落のように，一般的に「破格」とみなされる構文が許容されたりすることがある。**SNS で情報を発信することも多い今日では，このような「くだけた書きことば」の文体を身につけることも必要であろう。

2 情報伝達文の文体

　次にかたい文体の代表として，新聞などのメディアで用いられる情報伝達文を取り上げたい。1.10節では，同じくかたい文体をもつ論説文の典型的なパラグラフ構造を紹介した。その特徴は，各パラグラフの冒頭に主題文があり，それをつなげていくと文章全体の概要が把握できる点にあった。他方で，情報伝達文は論説文とは異なる構造をもっている。例として，天文学者が巨大銀河を発見したことを伝える(3)の新聞記事を考えてみよう。

(3) **International team of astronomers discover massive ancient galaxies**
　　An international team of astronomers, including those from the University of Tokyo and the National Astronomical Observatory of Japan, have discovered 39 massive galaxies thought to have been actively forming stars over 11 billion years ago.

　　The galaxies are believed to be the ancestors of massive elliptical galaxies existing now. The discovery is expected to reveal previously unknown details about how the universe and galaxies were formed.

　　The discovery was published in the online edition of the British science journal *Nature* on Thursday.　　　　　　　　　(*Japan Times* August 8, 2019)

この記事の内容と構造を日本語で示すと，(4)のようになる。

(4) <u>見出し</u>：天文学者の国際チームがはるか昔の巨大銀河を発見
　　<u>リード</u>：日本の東京大学と国立天文台を含む天文学者の国際チームが，110億年以上昔に星を活発に生み出していたと考えられる39個もの巨大銀河を発見した。
　　<u>第2段落</u>：これらは現存する巨大楕円銀河の祖先と考えられ，この発見により，宇宙の形成過程についてこれまで知られていなかった詳細が明らかになることが期待される。
　　<u>第3段落</u>：この発見は，木曜日に英国の科学雑誌『ネイチャー』オンライン版に掲載された。

　冒頭には〈見出し（ヘッドライン）〉があり，ここで記事の内容を1文で表し

ている。動詞は現在形の discover が用いられているが，これは過去形または現
在完了形の代用である。未来の出来事は to 不定詞を使って表す。また，名詞句
international team には不定冠詞 an がつくはずだが，見出しでは省略されてい
る。次に，記事の最初の段落は〈リード〉とよばれる。リードの部分では見出
しを受けて，いつ (when)，どこで (where)，誰が (who)，何を (what)，な
ぜ (why)，どのように (how) したかという，いわゆる 5W1H の情報が示され
る。**記事を最後まで読まなくても，見出しとリードだけで，読み手は記事の概
要を知ることができる。**さらにリードに続く段落では，より詳しい情報が補足
的に追加される。上の記事では，第 2 段落で巨大銀河の発見がどのような意義
をもっているかを述べ，第 3 段落では研究成果が公表された時期とメディアに
ついて伝えている。なお，実際の記事ではさらに複数の段落が続いているが，
ここでは第 4 段落以降を割愛している。紙幅の都合で途中から削除しても文章
が成り立つのも，情報伝達文の特徴である。

　1.10 節で取り上げた論説文では各パラグラフが対等の関係にあるため，主題
文をつなぎ合わせて概要を把握するには最後のパラグラフまで読む必要があっ
た。読み手がきちんと時間をかけて読んでくれる文章，たとえば授業のレポー
トを書く場合には，こちらの文体が適している。他方で，新聞記事では大事な
情報は〈見出し〉と〈リード〉に集約されており，ここを読むだけでおよその
内容をつかむことができる。このような文体は，相手がじっくりと読まないこ
とが想定される文章，たとえばビジネスメールなどに応用することができるだ
ろう。**自分の意見や情報を伝える場合にも，相手の事情に合わせて文体を選ぶ
必要がある。**

まとめ　文章は，その種類に応じて異なる文体上の特徴をもっている。必要に応じて
使い分けよう。

(1) くだけた書きことばでは，接続詞の省略や主語の脱落のように，一般的
に「破格」とみなされる構文が許容されることがある。
(2) 新聞記事に代表される情報伝達の文体では，全体の要約を最初にもって
きて，その後で順次，詳しい内容を追加していく。

第2章 参 考 文 献

Baugh, A. C. and T. Cable (2013) *A History of the English Language* (6th ed.), Routledge.

コナン＝ドイル，アーサー（著），小林　司・東山あかね（訳）(1998)『シャーロック・ホームズの冒険』，河出書房新社.

フィシャク，ヤツェク（著），小林正成・下内　充・中本明子（訳）(2006)『英語史概説 第1巻 外面史』，青山社.

Haegeman, L. (2013) the syntax of registers: diary subject omission and the privilege of the root. *Lingua*, **130**, 88-110.

萩野俊哉 (1998)『ライティングのための英文法』，大修館書店.

橋本　功 (2005)『英語史入門』，慶應義塾大学出版会.

畠山雄二 (2015)『大人のためのビジネス英文法』，くろしお出版.

畠山雄二（編）(2014)『ことばの仕組みから学ぶ和文英訳のコツ』，開拓社.

畠山雄二・本田謙介・田中江扶 (2015)『日英比較構文研究』，開拓社.

堀　正広 (2019)『はじめての英語文体論―英語の流儀を学ぶ』，大修館書店.

堀田隆一 (2016)『英語の「なぜ？」に答える はじめての英語史』，研究社.

市川繁治郎（編集代表）(1995)『新編英和活用大辞典』，研究社.

池上嘉彦 (1981)『「する」と「なる」の言語学―言語と文化のタイポロジーへの試論』，大修館書店.

井上永幸・赤野一郎（編）(2019)『ウィズダム英和辞典』（第4版），三省堂.

神田桂一・菊池　良 (2017)『もし文豪たちがカップ焼きそばの作り方を書いたら』，宝島社.

片岡義男 (2012)『日本語と英語―その違いを楽しむ』，NHK出版新書.

キーン，ドナルド（著），金関寿夫（訳）(1999)『日本人の美意識』，中公文庫.

小西友七（編）(2006)『現代英語語法辞典』，三省堂.

久野　暲 (1978)『談話の文法』，大修館書店.

リービ英雄 (2004)『英語でよむ万葉集』，岩波新書.

松井恵美 (1979)『英作文における日本人的誤り』，大修館書店.

松村瑞子 (1996)『日英語の時制と相―意味・語用論的観点から』，開文社出版.

水谷信子 (1985)『日英比較 話しことばの文法』，くろしお出版.

中右　実 (2018)『英文法の心理』，開拓社.

成瀬武史 (1996)『英日日英 翻訳入門―原文の解釈から訳文の構想まで』，研究社出版.

Pearson Education (2014) *Longman Dictionary of Contemporary English*, 6th edition, Longman.

サン＝テグジュペリ（著），内藤　濯（訳）(2000)『星の王子さま』，岩波書店.

佐々木高政 (1952)『和文英訳の修行』，文建書房.

サイデンステッカー・安西徹雄 (1983)『日本文の翻訳』，大修館書店.

杉原厚吉 (1994)『理科系のための英文作法―文章をなめらかにつなぐ四つの法則』，中公新書.

田中江扶・本田謙介・畠山雄二 (2018)『ネイティブ英文法 1 時制と相』，朝倉書店.

寺澤　盾 (2008)『英語の歴史―過去から未来への物語』，中公新書.

Turton, N. D. and J. B. Heaton (1996) *Longman Dictionary of Common Errors*, Pearson.

楳垣　実 (1975)『日英比較表現論』，大修館書店.

鷲尾龍一・三原健一 (1997)『ヴォイスとアスペクト』，研究社出版.

柳瀬和明 (2005)『「日本語から考える英語表現」の技術―「言いたいこと」を明確に伝えるための5つの処方箋』，講談社.

安井　稔 (1996)『改訂版 英文法総覧』，開拓社.

吉川千鶴子 (1995)『日英比較 動詞の文法―発想の違いから見た日本語と英語の構造』，くろしお出版.

第**3**章

英語の聞き方

3.1 聞き取りの上達はまず聞くことから
音韻論から語用論まで

> 哲学とは己れ自身の端緒のつねに更新されてゆく経験である。
> （M. メルロー＝ポンティ『知覚の現象学Ⅰ』p.13）

英語の聞き取りの道は険しい。英語の音が聞き取れるようになる近道をみつけるためにあれこれ指南書を漁っても，まったく上達しない。子ども向けの映画をみても聞き取れず，「これを子どもは聞き取れているのか」と絶望的な気持ちになる。どうすれば，英語の音は聞き取れるようになるのだろうか。英語の聞き取りは，スポーツの訓練に似ている。スポーツは，とにかく自分の体を動かして，自分で技を会得していかなければ上達しない。プロが教えるコツをいくら聞いていても，はじめてテニスラケットを振ると，ボールは空高く飛んでいく。英語の聞き取りも同じで，とにかく実際に音を聞き続けなければ上達するはずがない。またすぐには上達しないのもスポーツと同じで，要するに諦めないことが肝心である。ところで，この章も，冒頭で述べた指南書なのではないか。ならば読む必要はないということになるが，この章では知っておいた方が少しは聞き取りの上達のスピードを上げるであろう事柄を紹介しよう。

1 「聞き取り」の上達は意識から無意識へ

はじめての道を車で通ると，標識や信号に注意が向くばかりで周りの情景はほとんど目に入らない。しかし，何度かその道を通っているうちに，こんなところに畳屋があるのかとか，ここに郵便ポストがあるぞ，といった周りの情報が目に飛び込んでくる。そして最後は，こういった情報も，その道を毎日通っているうちに意識しなくなる。より正確には，意識しなくなるのではなく，意識しなくてもいろいろな周りのものがみえている状態になる。

英語の聞き取り練習をし始めて，最終的に聞き取りに不自由がなくなる過程は，車の運転で体験することと共通する点が多い。最初は何を聞き取っていいのかすらわからない状態であるが，何度も音を聞いているうちに音が体になじんできて，少しずつ余裕が出てくる。そうすると，知っている単語が聞こえたり，なんとなく意味がとれたりしてくる。そういうことを繰り返していると，

最終的には英語の音を聞いているという意識そのものが消え，意味内容が直接脳の中で生産される。つまり，英語の聞き取りで大事なのは，当たり前のことではあるが，**音に慣れ親しむ**ということである。もう1つわかりやすい例をあげよう。カタカナ英語のベイビーの音は，英語の baby の音に近い。かなり古い言い回しなので若い人にはなんのことやらであろうが，一昔前「やったぜ，ベイビー」という決まり文句が流行った。このベイビーは「赤ちゃん」ではなく「お前」といった意味であるが，いずれにせよ，ベイビーが日本国中に流布したことで，今では baby の音が拾えない人はほとんどいないのではないだろうか。つまり，理屈ではなく，音に慣れ親しむことこそが英語の聞き取りの重要なカギなのである。

　身体的な慣れのほかに重要なのは，実は集中力である。最近は，ネットの普及で，上質の英語音声が簡単に手に入るようになった。インターネットラジオのNPR（National Public Radio）はもっともお薦めのサイトであるが，このほかにも TED（Technology Entertainment Design）が若い人を中心に人気である。また，MIT や Stanford 大学といった有名大学が YouTube を用いて実際の講義やセミナーなどの録画を提供している。実際に，こういったサイトの英語を聞いている人も多いだろう。このとき，意外に重要なのが英語の音を**集中力を切らさないようにして聞く**ということである。集中力が必要なのは，またしてもスポーツの場合と同じである。野球のバットをぼんやりと振り続けるよりも，体の軸や力の抜き方に神経を集中させながら練習する方が打率はぐんと上がる。大学の1年生で英語がほとんど聞き取れないレベルの学生の場合，集中して聞くことを毎日2時間実行すると，春学期が終わる頃には，教員の英語がだいたい聞き取れるようになり，授業中の英語についていくことができるようになる。

　とはいえ，なかなか音に集中できないという人もいるだろう。そこで，ここで1つお薦めの方法を紹介しておこう。今，英語の聞き取り練習のために，BBCのニュースを聞いているのだとしよう。このとき「今聞いている BBC の英語は，実は目の前で誰かが話している英語なのであり」，「その人とこうやって会話をしている以上，この英語が一段落したら何か質問なりしないといけない」と自分に言い聞かせるのである。何しろ，何か質問をしないといけないのであるから，英語の音に集中せざるをえない。ゲーム感覚で練習できるので，結構楽しめる方法である。

2　音読や会話で「気づき」を増やす

　前節では，音に慣れ親しむこと，および，聞き取りの練習をしているときは集中力を切らさないようにすることが大事であることを述べた。では，英語の音声に集中して聞いていればそれでよいのかというと，実はそうではない。しんどい話ではあるが，音読をしたり，下手でもよいので英語で会話をしたりしていると，聞き取り能力もそれにつられて伸びてくる。これは，音読したり会話をしたりすることで英語特有の特徴に「気づく」頻度が増え，それが聞き取り能力を助けるからである。英語に限らずどの言語でもいえることであるが，やさしい語彙は，とくに日常的な会話の中ではさまざまな意味合いや用法をもつ。そういった微妙な意味合いや用法の違いは，辞書などよりも，むしろ「気づき」の中で会得する方が効率がよい。このことを例でみてみよう。

(1)　Mary: I just pound this to my heart's content, right?
　　　John: Like, literally put all of your body weight on it.

メアリーの 'I just pound this to my heart's content' は，構文上は平常文である。しかし，平常文であるからといって(1)を「私は心ゆくまでこれを潰します。そうですか？」などと解釈してしまうと，わけがわからなくなる。メアリーは「これを心ゆくまで潰せってことね。でしょ？」と言っているのであるが，平常文はこのように一種の確認文として解釈することもできるといったことは，教わらなくても気づきによって自然とわかってくる。また，(1)のジョンの発話の冒頭の like も同じである。like は動詞の「好きだ」のはずはないし，でも，「〜ような」を意味する like でもなさそうだし，などと思案している間に，メアリーとジョンの会話はどんどん先に進んでしまう。ジョンは「あのさ，まじ体重を全部かけてやるんだ」と言っているのであるが，like のこういった用法も，辞書から学ぶよりも，気づきとして習得する方が効率がよい。つまり，音読や会話を通して英語のいろいろな用法に対する**「自然な気づき」のストックを増やす**ことが英語の聞き取り上達への近道となる。

　こういった「自然な気づき」は，発話の状況からも得られる。とくに映画やニュースをみることは，気づきによって語の用法を学ぶよいチャンスとなる。

たとえば，次の(2)は，帰宅した主人公が，家の中ががらんとしていたため，家の中に向けて発したものである。

(2) Hello. Anybody home?

「え？ 自分の家なのに，Hello って言うんだ」と思ったなら，それは気づきの大事な一歩であり，Hello の使い方の多様さ（およびそれに伴う音調の使い分け）を意識し始めるきっかけともなる。(2)の場合は日本語なら「おーい」となるところであろう。Hello は，ほかにもいろいろな意味用法がある。たとえば，電話をかけるときの Hello（もしもし）がそれであるし，(3)であれば，Hello は「ねえ，ちょっと（聞いている？）」である。

(3) Hello? ... Are you awake?

また，こういった場面に応じて覚えるべき用法を積み重ねていくうちに，(3)の場合は Hello を Hi で置き換えることはできない，といったことも教わらなくてもわかってくる。こういった自然な気づきによって会得する英語の用法の積み重ねは大事で，聞き取りの際にもたついて音を聞き逃すといったことを防いでくれる。

　さて，この節では，実践を通して英語の聞き取り能力を高めることについて述べてきた。以下の節では，言語学から学べることをみていこう。3.2〜3.4 節にかけては音声に関して，3.5〜3.7 節にかけては構造や意味に関して，そして，3.8〜3.10 節にかけては語用に関して，英語を聞き取るためのヒントを紹介する。英語の聞き取りとなると，音に注意を向けがちであるが，聞き取りの能力を伸ばすためには英語の総合力が求められることを頭に入れておいてほしい。

まとめ 英語の聞き取り能力を伸ばすには，ごく当たり前のことであるが，音を聞き続けることが肝心である。その際，以下の点に留意するとよい。

(1) まずは音に慣れ親しむことが重要である。その際，なるべく集中して音を聞く。

(2) 語が用いられている状況にも注意を払い，英語の用法の知識を自然な気づきによって増やしていく。

3.2 母音と子音を正しく聞き取る
日英語の音素の数と質の違い

The number of segments in a language may vary widely.（母音や子音の数は言語ごとに大きく異なる。）
(Ian Maddieson. *Patterns of Sounds*. p.7)

　「音素」とは個別言語において，単語の意味の区別に寄与する母音や子音のことである[1]。たとえば英語の hat /hæt/（帽子）と hut /hʌt/（小屋）は，母音の /æ/ と /ʌ/ を入れ替えただけで単語の意味が変わる。よって英語ではこれらの母音は別々の音素であるが，日本語では区別されず，どちらも「ア」という音素のバリエーションでしかない。このように，英語では別々の音素なのに日本語では区別されないケースは多く，それが，日本語を母語とする英語学習者が英語の音素を正しく区別して聞き取ることができない理由の1つである。本節では，英語のどの音素同士の区別が日本語母語話者にとって難しいのかについて検討し，英語の音素の聞き取りアップのコツについて述べていく。

1　英語の母音体系と子音体系

　英語の母音には，方言や数え方にもよるが15個の音素があるのに対し，日本語の母音には5個の音素しか存在しないため，英語の母音の聞き取りはとくに難しい。母音の調音は基本的に，①舌（下あご）の高低の位置，②舌の前後の位置，③円唇／非円唇の3指標で捉える。①を縦軸に②を横軸にとって二次元で表したものが母音空間であり，(1a-b) に示す。(1a) は標準アメリカ英語の強勢音節に起こる母音音素の分布を示し，(1b) は日本語の母音音素の分布を示す。

　英語も日本語も母音空間は9分割されているが，前者では1枠に2母音ずつの場合が多いのに対し，日本語の場合は1枠につき1母音しかない点が著しく異なる。たとえば英語では「高位×前舌」の枠の中に /iː/ と /ɪ/ が入っているが，日本語では /i/ しかない。同じようなことがほかの枠でもいえる。それが日本語を母語とする英語学習者にとって，英語の母音の聞き分けが難しい理由の1つである。

---

1) 表記上，音素は斜線括弧／／に入れて示す。

（1）日本語と英語の母音音素の分布（国際音声記号（IPA）使用）

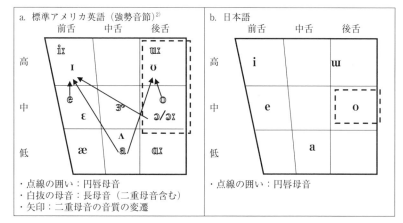

次に子音体系を考えてみよう。日英語の子音体系は，母音ほど大きくは変わらないが，英語の方が日本語より音素数が多い。英語の音素数は 24 であるのに対し，日本語は 19（外来語の子音の音素も含む）である。子音は調音点（どこで空気の流れを阻害するか）と調音法（どの程度もしくはどのように阻害するか）のかけ合わせで分類できる。英語子音の音素分類を(2)に示す。

（2）英語の子音体系

		調音点							
		唇で阻害		舌の端や先で阻害（舌頂音）			舌の面で阻害		舌や唇での阻害無し
		両唇音	唇歯音	歯間音	歯茎音	後部歯茎音	硬口蓋音	軟口蓋音	声門音
調音法 阻害の度合い	破裂音	p, b			t, d			k, g	
	破擦音					ʧ, ʤ			
	摩擦音		f, v	θ, ð	s, z	ʃ, ʒ			h
	鼻音	m			n			ŋ	
	流音				l, r				
	半母音	w					j		

英語にあって日本語にはない子音の音素としては，/f/, /v/, /θ/, /ð/, /ŋ/, /l/, /r/ などがあるが，とくに聞き取りが難しいのは次項で触れる /l/ と /r/ である。

2）/ɚ/ は純粋な母音の ɜ と，直後の子音 r との合体形である。アメリカ英語において ɜ は常に r 音を伴ってしか起こらないため，合体系で示す。ただし標準イギリス英語では r 音は発音されず /ɜː/ となる。

2　英語の母音と子音の聞き方

　英語では，「高位×前舌」の枠に /iː/ と /ɪ/ が，「高位×後舌」の枠に /uː/ と /ʊ/ が入る。英語の /iː/ と /uː/ は，それぞれ /ɪ/ と /ʊ/ より長い音であると同時に，舌の位置もより高位，そしてより前もしくは後ろである。そのため，/iː/ と /uː/ はよりはっきりと「イー」「ウー」と聞こえるのに対し，/ɪ/ と /ʊ/ はより「エ」と「オ」に近く聞こえる。ただしこれらは，質の違いを聞き取れなくても，長さで聞き分けられるため，大きな問題にならない。

　しかし英語には，長さだけでは聞き分けられない母音ペアが複数ある。冒頭で紹介した /æ/ と /ʌ/ はともに短母音に分類されるが[3]，/æ/ は下あご（舌）を低位まで下げ前舌なので，「ア」と「エ」の中間音に聞こえるのに対し，/ʌ/ の舌の位置はより中立的であるため，上品な「ア」に聞こえる。

　/oʊ/ と /ɔː/，そして /ɔː/ と /ɑː/ は，長さでは聞き分けられない。/oʊ/ と /ɔː/ に関しては，前者は「オウ」と二重母音だが，後者は「オー」と長く発音する。この区別がつかないと，'coat'（外套・〜を覆う /oʊ/）と 'caught'（〜を捕まえた /ɔː/）のような単語を混同してしまう。ちなみに /oʊ/ は標準イギリス英語では /əʊ/ となる。/ə/ は「オ」と「エ」の中間に位置する音である。

　/ɔː/ と /ɑː/ の違いは円唇か否か，そして舌の高低の位置である。前者は円唇の「オー」であるのに対し，後者は非円唇でより低位で発音され，「アー」に近い。これが聞き分けられないと，caught（catch の過去形 /ɔː/）と cot（簡易ベッド /ɑː/）のような単語を混同してしまうことになるが，この2母音は米国のカリフォルニアなどでは区別されず，どちらも /ɑː/ と発音される。ただしそのような方言でも，r 音の前では /ɔːr/ と /ɑːr/ の区別が残る。

　/ɑː/ に r 音が後続し /ɑːr/ となった場合と /ɝ/ は，日本語ではともに「アー」と表記されるので，'far'「遠い /ɑːr/」と 'fur'「毛皮 /ɝ/」をどちらも「ファー」と認識する学習者が多いが，両者はまったく異なる母音である。/ɝ/ を発音するときは，口が閉じ気味になると同時に舌の前後の位置が中立的になるの

3）/æ/ を長めに発音する方言もある。

で，曖昧な音に聞こえる。それに対して，/ɑːr/ は「アー」とはっきり聞こえる。

(3) 混同しやすい英語母音の音素

混同しやすい 音素ペア	混同しやすい 単語ペア	難易度	聞き分けのコツ
/iː/ vs. /ɪ/	beat vs. bit seat vs. sit	易	母音の質で聞き分けられない場合は，「長さ」に着目すればよいので，聞き分けは容易。
/uː/ vs. /ʊ/	pool vs. pull		
/æ/ vs. /ʌ/	bad vs. bud hat vs. hut mad vs. mud	中	標準アメリカ英語の /æ/ は「エ」に近く発音される場合もあり /ʌ/ とは聞き分けやすいが，標準イギリス英語では区別がより微妙となる。
/oʊ/ vs. /ɔː/	coat vs. caught boat vs. bought sew vs. saw	中〜難	/oʊ/ が二重母音であり /ɔː/ が単一母音を長くした音であるところが聞き分けられれば OK。
/ɔː/ vs. /ɑː/	caught vs. cot bought vs. bot naught vs. not	難	/ɔː/ はより「オ」に近く /ɑː/ はより「ア」に近いという微妙な音質の違いが聞き取れれば OK。英語母語話者でもカリフォルニアなどの地域では，この 2 母音の区別はない。
/ɑːr/ vs. /ɚ/	far vs. fur bard vs. bird	中〜難	/ɚ/ は曖昧な音に聞こえ，/ɑːr/ よりより「ア」に近い。

　英語子音の聞き分けのうち，とくに難しいのは流音の /l/ と /r/ の区別である。/l/ と /r/ には，lice（シラミの複数形）と rice（米），fly（ハエ）と fry（揚げもの），lace（ひも）と race（競争），load（重荷）と road（道路），lead（導く）と read（読む）などのペアが多くあり，この 2 音素の聞き分けは英単語の判別を行う際にとても重要である。これらの聞き分けが難しいのは，日本語のラ行音の子音が，/l/ と /r/ の中間的な弾音 /ɾ/ であるためだろう。この 2 音素の聞き取りの精度を上げるためには，/r/ は聴覚的に日本語の母音の「ウ」に近く，/l/ は日本語のラ行子音に近く聞こえる点に着目するとよい。たとえば，fly や lace は「フ<u>ライ</u>」「<u>レイス</u>」とはっきり聞こえるが，fry や race はどちらかというと「フ<u>ウァイ</u>」「<u>ウェイス</u>」のように聞こえる。

まとめ　(1) 英語の母音のうち，とくに「ア」や「オ」に近い母音の区別が難しいため，それらの母音の特性をよく理解すること。
　　　　(2) 英語の子音のうち，とくに流音の /l/ と /r/ の特性をよく理解すること。

3.3 音変化を意識して聞き取る
強化，弱化，同化，連結発音

Most people speaking their native language do not notice (...) the sounds that they produce (...). (母語を話しているほとんどの人は自分の発音がどうなっているか気づいていない。)
(Linda Shockey. *The Sound Patterns of Spoken English*. p.1)

　英単語の聞き取りを難しくしている理由の1つとして，3.2節では英語と日本語の音素数の違いを取り上げたが，理由はそれだけではない。音変化も聞き取りを難しくする理由の1つである。初級学習者を対象にした英語教育の現場では，すべての音素が変化を伴わずに明瞭に発音されることが多い。しかし自然発話は，音変化（たとえば強化，弱化，同化，連結発音など）を伴うことが多いため，英語の音声文法に関する知識がない者がそれを聞いた場合に，もとの音素の正体がわからなくなり，単語の同定ができなくなったり，単語境界がどこにあるのかを，判断できなくなったりする。よって，英語学習者は日頃から，英語の音変化に慣れ親しんでおく必要がある。英語の音変化には，特定の音韻環境でより安定的に起こるものと，話し手や発話速度や場面に依存して任意で起こるものとがある。本節ではその両者を説明していく。

1　安定的な音変化

　比較的安定した音変化としては，語頭の帯気音化現象，無強勢音節での曖昧母音化現象，弾音化現象（アメリカ英語）などがある。

語頭で起こる帯気音化現象　英語では /p, t, k/ の3音素は**語頭で強化され**て**帯気音化**し，[pʰ, tʰ, kʰ] となる[4]。この3音素はすべて無声破裂音とよばれ，唇もしくは口腔内で閉鎖をつくることで，いったん息の流れを遮断し，その後に閉鎖を開放して，息を破裂させて発音する。帯気音 [pʰ, tʰ, kʰ] はこの閉鎖の開放の際に，[p, t, k] よりも長い時間にわたって多く気息を放出する。よって前者は後者よりも強く硬く聞こえる。

---

4) 音素は / / で囲い，その音素が実際に発音されたときの音は [ ] で囲う。

(1) ‘pin’ /pɪn/ → [pʰɪn] vs. ‘spin’ /spɪn/ → [spɪn]

帯気音化の有無を聞き分けることで，語境界の有無を判断しやすくなる。たとえば /s/ と /p/ の間に語境界のある Thus ports ... と，語境界のない The sports ... は，音素の並びではともに /ðəspɔːrts/ であるが，実際の発音では前者の /p/ は [ðəspʰɔːrts] と帯気音化し，後者の /p/ は [ðəspɔːrts] と帯気音化しない。

無強勢音節での曖昧母音化　3.2 節で紹介した英語の母音音素はすべて完全母音とよばれ，原則的に強勢音節にのみ起こるのに対し，**無強勢音節では弱化し曖昧母音化**する[5]。曖昧母音は [ə] で表され，口を閉じ気味にし，舌はデフォルトの位置に置いたまま短めに発音する。母音空間でいうと舌は真ん中あたりに位置し，[ə] はどの母音にも属さない曖昧な音色となる。(2)は接辞付加に伴い，強勢音節と無強勢音節が入れ替わるケースであり，完全母音と曖昧母音の交替がみてとれる。

(2) ‘Japán’ [dʒəpǽn] vs. ‘Jàpanése’ [dʒæpəníːz]

　また，機能語（冠詞，助動詞，前置詞，代名詞）の1音節語は原則的に無強勢であり，母音は(3)の弱形で示されるように曖昧母音化する。しかしこれらの機能語は，句末に起こったり焦点（3.4 節参照）となるときは強勢を伴い，強形（完全母音）となる。

(3)　機能語の強形と弱形

	a	the	can	should	at	from	of	and	me	you
強形	eɪ	ðiː	kæn	ʃʊd	æt	frɑːm	ɑːv	ænd	miː	juː
弱形	ə	ðə	kən	ʃəd	ət	frəm	əv	ənd	mə	jə

弾音化現象　アメリカ英語では強勢母音と無強勢母音に挟まれた環境で，/t/ と /d/ は弱化して [ɾ]（弾音）になる。この弾音は日本語のラ行子音の発音と同じである。たとえば /bɪ́ɾɚ/ bitter（苦い）と /bɪ́dɚ/ bidder（入札者）は，ともに「ビラー」と聞こえるため，どちらの単語なのかは文脈から判断する。

---

5) 無強勢であっても，語末では完全母音の [iː] [eɪ] [uː] [oʊ] が起こりうる。また曖昧母音にもバリエーションがあり，[ɪ] に近い音で発音される場合もある。

2　発話速度や場面に依存する音変化

　本節では，英語の音変化のうち，とくに速いテンポやカジュアルな発話など
で任意に起こる音変化の聞き取りについて解説する。

　各論に入る前に，音節という概念について紹介する。音節とは母音（音節核）
を任意の子音で取り囲んだ音の結合体である。日本語では母音（V）の前に子
音（C）が1つ存在する CV 音節が主流だが，英語の音節は3個までの子音で
母音を取り囲むことができるので，CV のみならず CVC（get /gɛt/），CCVC
（spin /spɪn/），CCCVCCC（strength /strɛŋkθ/）もすべて1音節である。母音
より前の子音を頭子音，後ろの子音を尾子音とよぶ。

　脱落や無声化などの弱化現象　　英語では**重要度が低いところで，脱落や無
声化などの弱化**が起こりやすい。具体的には，①弱音節（無強勢音節），②音節
の尾子音の位置，③旧情報を担う単語，④機能語，そして⑤舌頂音（舌の端や
先を使用する音）などで起こる。

　まず①の弱音節であるが，その音節核である母音は先に紹介した曖昧母
音 [ə] である。曖昧母音は口を閉じ気味に短く発音されるため，もともと聞こ
えにくく，重要度が低く脱落しやすい。②の音節の尾子音は，語頭に生じえな
いため，重要度が低い。単語認識で重要なのは語頭の音である。語頭の音がわ
かれば，その時点でほかの音で始まる単語の可能性は排除され，単語の同定が
しやすくなるからである。それに対し，語頭に現れえない尾子音の重要度は相
対的に低くなり，弱化の対象になりやすい。③の旧情報を担う単語は，話し手
と聞き手の間ですでに共有されている情報であり，明確に発音されなくても文
脈から推測できる。よって，旧情報を担う単語内の音は重要度が低く，弱化が
起こりやすい。④の機能語も文脈から判断できる場合が多いため，重要度が低
下し弱化しやすい。⑤の舌頂音（舌の先を使う音）は子音の数がもっとも多く
（3.2 節参照），英語の発話においても最頻出の子音である。よって，どの子音が
発音されたのか聞き取れなくても，舌頂音だと推測すれば高率で当たるため，
舌頂音の発音は不明瞭でも大過なく，弱化が起こりやすいと考えられる。

　つまり，英語を聞き取る際には，**すべての母音や子音を聞き取ろうとせず，
より重要度の高い語や音節にある音を重点的に聞き取るべきである。**

(4) 弱化の例（Shockey（2003）より作成）

曖昧母音の脱落	[fáɪmli]（cf. [fáɪnəli]）'finally'，[lǽskə]（cf. [əlǽskə]）'Alaska'
音節尾子音の無声化	[jɑrts]（cf. [jɑrdz]）'yards'
音節尾子音の脱落	[rɪ.spɛk.fə.]（cf. [rɪ.spɛkt.fə.]）'respect for'
機能語の頭子音の脱落	[wɑt.də.zə.wɑnt]（cf. [wɑt.dəz.hə.wɑnt]）'What does he want?'

連結発音と同化　　速いテンポやカジュアルな発話で起こる音韻現象には，弱化以外にも連結発音や同化がある。連結発音とは，もとは前の単語の最終音節の尾子音であった子音が，直後の単語の最初の音節が母音で始まる場合に，その音節の頭子音として直後の単語に取り込まれる現象である。たとえば get out of here の場合，get と out の間，および out と of の間に何も単語が介在せず，単語境界と音節境界が一致すれば，[gɛt.aʊt.əv.hɪr]と発音されるが，くだけた発話などで連結発音が起こると，[gɛ.raʊ.rə.hɪr]となる。この例では，get および out の語末の /t/ が連結発音により直後の単語（音節）の頭子音として取り込まれ，さらに弾音化し [r] となっている。この弾音化は本節の第 1 項で紹介した弾音化（語中の /t/ が強勢母音と無強勢母音に挟まれた環境で起こっていた）とは異なるので注意が必要だ。ここでは語末の /t/ が弾音化している。さらにこの例では，of の語末子音 /v/ の脱落も起きている。

　次に同化現象をみるために，could you という例を考えてみよう。連結発音が起こらなければ [kʰʊd.jə] と発音されるが，それが起こると [kʰʊ.ʤə] となる。この例では連結発音だけでなく，/d/ が直後の /j/（ヤ行子音）と融合および同化し，[ʤ]（ジャ行子音）に変化している。この同化現象は口蓋化とよばれる。

　このように英語では，本来の音節構造が崩れて連結発音が起こり，それに加えて弾音化や同化などの音変化が起こるため，聞き取りの際，語境界の位置や，もとの音素の正体がわからなくなってしまうことがある。これを克服するには，**どのようなときに連結発音や同化，そして弾音化などが起こるのか，ある程度予測ができるようになるまで，聞き取りを訓練する必要がある。**

まとめ　(1) 英語の音変化には安定的に起こるものと任意に起こるものとがある。
　　　　　(2) 弱化現象の起こらない重要な情報を担う部分を重点的に聞くとよい。
　　　　　(3) 普段から連結発音や同化の聞き取りに慣れておくとよい。

3.4 イントネーションを聞き取る
ピッチアクセントと句末音調

> どのイントネーションを使うかによって，その文の意味が変わることもある（後略）。
> （渡辺和幸『英語イントネーション論』pp.1-2）

　英語に限らず，人が発することばに耳を傾けると，ピッチ（声の高さ）が上下したり，または平坦になったりすることに，誰もが気づくだろう。このピッチの変化をイントネーションという。英語の場合，イントネーションが正しく聞き取れれば，話し手の発話内容への確信度合いはどの程度なのか，情報の流れは完結しているのか，何が新情報や焦点なのか，といったことが理解できる。

1　イントネーションを構成する要素と形状の機能

　英語のイントネーションは，主に2種類の要素に分解できる。1つめの要素はピッチアクセント（pitch accent：PA），そして2つめの要素は句末音調である。PAは単語の主強勢音節に現れるピッチの際立った動きであり，句末音調は句末に現れるピッチの動きである。PAと句末音調の形状を正確に聞き取ることができれば，話し手の発話内容に対する確信度合いや強調の度合い，情報の流れの完結の有無などを理解できる。

　(2a-c)の例をみよう。すべて人名Elizabeth（-li- に主強勢）の発話であるが，それぞれ発話の状況が異なる。(2a)は疑問への返答であり，高音調のPAが主強勢 -li- に現れ，下降の句末音調が続く。(2b)はしかりつけの際の発話であり主強勢音節の直前から主強勢音節に向けてPAは大きく上昇し，その後に下降の句末音調が続く。(2c)は疑問形であり，低音調PAに上昇の句末音調が続く。

(2)

a. What is her name? への答え　　b. しかりつけ　　　　　　　c. Did you say Elizabeth? の意味

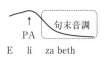
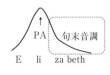
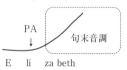

　PAの種類は，確信度合いと関係がある（Pierrehumbert and Hirschberg

(1990))。発言内容への確信度合いが高い場合は，(2a-b)のように主強勢音節と高音調 PA が共起し，低い場合は(2c)のように主強勢音節と低音調 PA が共起しやすい。また，(2b)のように，直前に上昇を伴う高音調 PA には強調の意味がある。音域の幅も強調の度合いと関係があり，強い感情を伴う(2b)の方が(2a)よりもピッチの動きの幅が広い。

　一方，句末音調の形状は，情報の流れの完結度合いと関係がある（Pierrehumbert and Hirschberg (1990))。下降調は情報の流れが完結することを意味するため，(2a)や(2b)のような断定の発話で用いられる。それに対し上昇調の場合，関連する一連の情報の流れがその後も続くことを意味する。たとえば(2c)のような疑問文では，話し手の発話の後に，聞き手から返答が与えられることが期待されており，情報のやり取りはまだ完結していない。よって，疑問文においては(2c)の例のように上昇調の句末音調が現れることが多い。また(3)の例に示すように，従属節と主節というように複数の節から成り立つ発話でも，最終節以外の節の句末音調は上昇調であることが多い。これも一連の情報の流れが未完結であることを示している。

(3) When he was éating, I was on the phóne.

　　　　上昇句末音調＝情報の流れが未完結

　以上みてきたように，**単語の主強勢音節と共起する PA の形状を聞き取ることができれば，話し手の発話内容に対する確信度合いを判断することができ，句末音調の形状を聞き取ることができれば，情報の流れがそこで完結するのか否かを判断できる。**ここまでのまとめを(4)に示す。

(4)

PA（ピッチアクセント）				句末音調			音域幅	
種類	発言内容への確信度	直前の上昇		種類	情報の流れの完結度		種類	強調度
高	高い	なし＝強調なし		下降	高い		広い	高い
		あり＝強調あり						
低	低い			上昇	低い		狭い	低い

2　核PAが聞き取れれば情報構造や統語構造がわかる

　英語では，ひとつながりのイントネーションで発音されるフレーズ内の**最後のPA**がもっとも際立って聞こえる。その最後のPAは**核PA**（**核ピッチアクセント**）とよばれている。核PAを聞き取ることができれば，句や文のどの部分が新情報もしくは焦点なのかがわかる。

　まず，**複数の語からなる句全体が新情報，すなわち焦点である場合，核PAは通常，その句の最後の内容語に現れる**。たとえば，(5)の例文 Elephants ate bananas. は，出来事の内容を問う疑問文 What happened? への返答であり，文全体が新情報である。そして(5)の例文の最後の内容語は bananas であるため，そこに核PAが現れる。さらに，最後の内容語に先行する内容語にも任意でPAが現れることができ，これを前核PAとよぶ。(5)の例文のように，主語–他動詞–目的語の組み合わせからなる文の場合，任意の前核PAが現れるのは普通は主語であり，他動詞に前核PAが現れることはほとんどない。

(5) *What happened?* への回答
　　 Élephants áte **banánas**.

前核PA（任意）　　　核PA

　しかし，いつも句全体が新情報や焦点になるとは限らず，主語のみ，目的語のみ，動詞のみがなることもある。このように**句の中の1つの語だけが新情報や焦点となる場合，その新情報や焦点と解釈される語に核PAは現れる**。(6)の例文では，主語のみが新情報・焦点であるため，主語に核PAが現れる。

(6) *Which animals ate bananas?* への回答
　　 Élephants áte banánas.

核PA

(7)の例文では動詞 ate のみが新情報・焦点であるため，核PAは ate に現れる。

(7) *What did the elephants do to the bananas?* への答え

The élephants **áte** the banánas.

核PA

さらに核PAの位置を聞き取ることにより，解釈が曖昧な文の統語構造も判別できる。(8a)と(8b)の例文はどちらも同じ単語の配列であるが，(8a)ではfinishedとfirstの間に句境界があり，(8b)ではfirstとその直後のreceivedとの間に句境界がある。この2つの統語構造はポーズの位置でも区別できるが。核PAの位置でも区別できる。句全体が新情報である場合，その句の最後の内容語が核PAを担うので，(8a)ではfinishedに，(8b)ではfirstに核PAが現れる。

(8)

核PA

a. [The compétitors who **fínished**] [fírst recéived a góody bàg]
   競技を終えた選手たちは，最初に景品袋を受け取った。

核PA

b. [The compétitors who finished **fírst**] [recéived a góody bàg]
   1番で競技を終えた選手たちは，景品袋を受け取った。

（ウェルス（2009：281），一部改変）

このように，**核PAの位置を正しく聞き取ることができれば，何が新情報や焦点なのかといった情報構造のみならず，統語構造も判別できる。**

まとめ　英語を聞き取る際，イントネーションに関して以下の点に留意しよう。

(1) 話し手の発話内容に対する確信度合いは，PAの形状から理解できる。
(2) 情報の流れの完結度合いは，句末音調の形状から判断できる。
(3) 何が新情報や焦点であるのかは，核PAの位置から把握できる。
(4) 統語構造が曖昧な場合，核PAの位置を正しく聞き取ることにより，曖昧性を解消できる。

3.5 ポーズの位置も大事なポイント
構成性原理

いちまーい ... にまーい ...
（『番町皿屋敷』）

「間をとる」というのは，日常生活のいろいろな場面で非常に重要な役割をはたす。漫才や落語では，絶妙な間が爆笑を誘う。ストリートダンスを踊っている人たちをみると，うまい人は動きの中に「間」がある（緩急をつけるという言い方の方が適切なのかもしれないが）。「間」は，単なる空間，あるいは，単なる無音なのではない。剣道で間合いをとるときはその間の中に激しい戦いが繰り広げられているのであろうし，すばらしい演説の最中に演者が話を止めると聴衆は息をのむ。「間」というのは，連続を断ち切ることで生まれる「沈黙の饒舌」と言ってもいいかもしれない。

英語の聞き取りにおいても，この「間」にうまくなじむことが重要であるし，「間」をうまく捉えることは聞いている内容を正確に理解する技術にもつながる。そこでこの節では，英語の聞き取りにおける「間」，いわゆるポーズ（pause）が入るというのはどういうことなのかについて考えてみよう。

1 ポーズが入るタイミングを逃さない

ポーズの入り方（ポーズがどこに置かれるかなど）を知っている場合と知らない場合とでは，聞き取り能力に大きな差が出る。たとえば，英語の聞き取りが苦手な人の中には，(1)の Mary の前の that が正確に聞き取れない，もしくは，that のところで一瞬聞き取りが止まってしまう人がいる。

(1) I told him, and eventually all my colleagues, (ポーズ) that Mary is innocent.

こういった人は，that Mary is innocent 全体で 1 つの節になっているということを意識していないことが多い。実際は，この that Mary is innocent は，統語的にも意味的にも 1 つのまとまりをなしており（このことは(2)と(3)を比較すればわかる），そのためポーズは that の前に置かれる。

(2) I told him <u>about Mary</u>.

(3) I told him <u>that Mary is innocent</u>.

that とポーズのこの関係を知らないと，「これは the なのかそれとも that なのか？」という具合に聞き取りの判断に迷ってしまうことになりかねない。もちろん，その間，聞き取りは中断されるので，続く音を聞き逃してしまう。

　ポーズは，基本的には，統語的な構成素と構成素の間に置かれる。たとえば，(4)の場合は，不定詞句が1つの構成素をなすため，to の前にポーズが置かれる。また，(5)の場合は，is 以降が述語として1つの構成素をなすため，is の前にポーズが置かれる。

(4) I visited the town（ポーズ）to feel worlds apart from my office.

(5) Cooking（ポーズ）is an act of love.

これが，規範的なポーズの置き方となる。

　統語的な構成素は，通常は意味的なまとまりをもつ。この「意味的なまとまり」は別の「意味的なまとまり」と連結して，より大きな「意味的なまとまり」となる。このはたらきを原理として捉えたのが構成性原理（または合成性原理）とよばれるもので，簡単にいえば，「複合表現の意味はその部分の意味からなる」という理論上の仮説である。ただし，a hard nut to crack のような熟語の場合は，その意味（「扱いが難しい人」）は，個々の語の意味を合成したもの（「割るのが難しい硬いナッツ」）からなるものではないため，構成性原理は必ずしも厳密に守られているわけではない。しかしながら，自然言語を大きく捉えるなら，構成性原理はおおむね守られているといえる。このことは，英語を聞くときは，**ポーズが入るタイミングを逃さず，意味的な「かたまり」を捉えながら聞くとよい**ことを意味する。

　ただし，そしてここがもっとも重要な点なのであるが，実際には**ポーズが構成性原理を破ってしまうような位置に置かれることがある**。これは，見方を変えれば，意味的なまとまりを崩してしまうようなポーズの置き方があるということであるが，もちろん，原理が破られるのには理由がある。次節では，その理由を中心に用例をみてみよう。

2　ポーズの入れ方には理由がある

　前節の最後に述べたように，ポーズは必ずしも構成性原理を守る位置に置か
れるとは限らない。そのことを次の例でみてみよう。

(6)　She does not want to do it because she does not like it.

(7)　That's funny because she does not like it.

　(6)では，たいていの場合 because の前にポーズが入る。A because B という
構文においては，because B が統語論的にも意味論的にも1つのまとまりをな
すので，(6)は構成性原理を守っている。これに対し，(7)では because まで一
気に発音し，because の後にポーズを入れることがあるのであるが，この場合
のポーズは構成性原理を破っている。なぜなら，A because は統語論的にも意
味論的にも1つのまとまりとはみなせないからである。

　なぜ，構成性原理を破るようなポーズの置き方が許されるのだろうか。実は，
(6)と(7)におけるポーズの置き方にはそれぞれ理由がある。まず(6)からみてみ
よう。(6)の場合，話し手はまず「彼女はそれをしたくないんだ」となんらかの
状況について述べたうえで，「だって，彼女はそれを望んでいないから」とその
理由を述べている。つまり，(6)は結果と原因の組み合わせであり，because は
意味的に原因の方と結びついた形となっている。このような場合は，because
の前にポーズが入ることが多い。他方，(7)では話し手は That's funny といきな
り切り出している。このような場合，なぜおかしいのかというその理由がもっ
とも肝心な部分である。話し手が That's funny because まで一気に続けて発音
することがあるのはそのためである。つまり，**ポーズが構成性原理に反するよ
うな位置に置かれるときはそれなりの理由がある**のである。

　ポーズが構成性原理を破る場合はそれなりの理由があるということをほかの
例でもみておこう。ポーズの入れ方が構成性原理を破ってしまう理由としても
っとも多いのは，語が強調される場合である。例として(8)をみてみよう。

(8)　This is one of my（ポーズ）GOOD memories.

通常，[A of B]においては，[of B]が1つの構成素をなす。[of B]が1つの構成

素をなすことは，of the knights が独立した形で用いられている(9)で確かめることができる。

(9)　This is the story of the dragons, and, of course, of the knights.

しかしながら，(8)におけるように，my に続く good が強調される場合は，my と good の間にポーズが入る。そのため，構成性原理は守られていないことになるが，原理が破られるときは理由（この場合は語句の強調）があるという1例となっている。なお，強調という観点からいえば，通常は of を強調することはないため，one と of の間にはポーズは入らない。

　(10)においても，Mary に強調が置かれている場合は，Mary の前にポーズが置かれる。

(10)　It was when MARY betrayed us.

(10)の構文の場合，通常は it was when の後にはポーズは入らない。このことから，when の後にポーズが入る場合，続く語が強く発音される可能性があることが予測できる。通常，構成性原理を破るポーズが入ると，意味のかたまりが捉えにくくなり，聞き取りが難しくなるため，(10)におけるような予測が無意識にできるように練習を重ねておくとよいだろう。

　以上みてきたように，ポーズは，さまざまな要因により，構成性原理を破る位置にも置かれる。とはいえ，基本的には構成性原理は守られるということを忘れてはならない。ちなみに，英語を話すときにポーズの入れ方がでたらめであると，相手に通じにくい英語になってしまうので注意が必要である。

 まとめ　英語を聞き取るときは，ポーズをうまく捉えて，意味のかたまりをつかむとよい。このとき，以下の点を念頭に置くことが大事である。

(1) 原則的には，ポーズは構成性原理（意味のかたまり）を守る位置に置かれる。

(2) ただし，実際には，ポーズが構成性原理を破る位置に置かれることがある。なお，構成性原理が破られるときは，言語学的・非言語学的な理由がある。

3.6 聞き取れているのに意味がわからない
記号と意味の関係

過ギニシ薔薇ハタダ名前ノミ，虚シキソノ名ガ今ニ残レリ（Stat rosa pristina nomine, nomina nuda tenemus）。　　　　　　　　　　（ウンベルト・エーコ『薔薇の名前』p.383）

　英語を聞いているとき，「単語は聞き取れているはずなのに，何を言っているのかわからない」ということを経験した人は多いのではないだろうか。単語の意味がわからないのであれば，意味がとれないのは当然である。しかし，個々の単語は聞き取れているのに，そして単語の意味はわかるのに，悲しいかな，何を言っているのかわからないのである。

　私たちは，単語帳や辞書などを用いて，英単語の日本語訳を覚えるわけであるが，覚えたその日本語訳を用いて聞こえてくる英語の意味をとろうとしてもうまくいかないときがある。これは，英単語の日本語訳を単に組み合わせただけでは，聞き取っている表現がもつ意味にならないからである。実は，意味がわからないと，聞き取りの効率がかなり下がる。なぜ聞き取れていても，そして個々の単語の意味を知っていても，何を言っているのかわからないのか。そもそも語に意味を対応づけるというのはどういうことなのか。この節ではそういったことについて考えることにしたい。

1 なぜ聞き取れていても意味がわからないのか

　私たちは，音さえ聞き取れれば，そして，それぞれの単語の意味を知っていれば，聞き取りはなんとかなると思いがちである。しかし，残念ながら，それだけでは，聞き取りはうまくならない。極端な話，英語の音が聞き取れても文や語句の意味がわからないのであれば，ある意味で，聞き取れていないのと同じである。

　実際のところ，**聞き取った語句や文の意味がわからない場合，その後の聞き取りの効率は下がる**。次の節で述べるように，聞き取りを行うときは，どのような音や語が続くかを「予測」できるかどうかが大事になってくるのであるが，意味がわからない状態で音を聞いていると，この予測のはたらきが著しく低下してしまう。そのため，結果的に，聞き取れる音の量も少なくなるという悪循

環に陥ってしまうのである。それにしても，なぜ，音は聞き取れているのに，そして，個々の単語の意味は知っているのに，語句や文全体の意味がつかめないのだろうか。

　辞書や英単語暗記用の本には個々の単語の日本語訳が記載されている。通常これを私たちは記憶するのであるが，英語を聞くときこの英単語の日本語訳に頼ることは，実は，危険をはらんでいる。なぜなら，個々の単語の日本語訳を寄せ集めたものが英語の文や語句の意味と一致するとは限らないからである。つまり，覚えた日本語訳を機械的に英単語に対応づけると，当然のことながら文や語句全体の意味と合致しないものになったり，発話の状況に合わないものになってしまう。

　たとえば，take の意味はなんであろうか。以下の(1)を用いて，そのことを考えてみよう。

(1)　What do you take me for?

これは「私をなんだと思っているんだ」といった意味をもつ文である。この(1)で用いられている語は take をはじめとしていずれも中学校レベルで教わるものなので，聞き取れる人は多いはずである。しかし，だからといって，この文の意味がわかるとは限らない。

　先に述べたように，私たちは，英単語に割り当てられる意味を覚えるとき，単語帳や辞書に記載されている英単語の日本語訳をそのまま覚えざるをえない。しかしながら，take という単語の意味は「取る」ではない。「連れて行く」でもないし「(時間が) かかる」でもない。take の意味は，日本語訳では正確に捉えられない何かなのである。もちろん，理論的には，take はいくつかの意味をもつ（つまり多義語）とみなすこともできるが，その場合でも，語の意味がつかみどころがなく状況の中で多様でありうるという現象は変わらない。

　語の意味が状況の中で多様に変化するというこの現象は，take や get，have といったいわゆる基本語彙に起こりやすいのであるが，このことは，何も英語に限ったことではない。日本語でも，たとえば「取る」という語には，さまざまな意味が対応する。しかも，/toru/ という音には何種類もの漢字があてられるので，日本語の初学者にとっては「取る」の習得が難しい。

2 状況の中で語の意味を捉える

　ここで，もう一度大事な点に立ち戻ろう。辞書や英単語集では，語の意味はいくつかの意味項目に分けられた形で記載されるが，実際は語と意味はそのような関係にはない。この問題を，意味論の世界から迫ってみよう。

　「富士山」という語を取り上げてみよう。「富士山」という文字そのものは単なる記号である。記号の「富士山」には，静岡県と山梨県の県境にそびえる日本最高峰の山が意味として対応づけられる。これが，もっとも単純な記号と意味の対応関係である。では，「薔薇」という文字には，どのような意味が対応づけられるだろうか。「富士山」の場合は，たった1つの対象（日本最高峰）がそれに対応づけられたが，「薔薇」の場合はそうはいかない。世界にはさまざまなバラが生育しているし，造花のバラも，一応バラである。そうなると，記号の「薔薇」には意味として何が対応するのか。私たちは，わかっているようで，わかっていないのである。「笑う」の意味となると，ますますわからなくなる。不思議の国のアリスでは，チェシャ猫が消えた後に残った「（チェシャ猫の）笑い」を指して，これが記号「笑い」の意味だと言うことができるが，私たちの世界ではそのようなことは起きない。

　このように，実は，語に対応づけられる意味は不確実なものであることが多いのである。このことを忘れて，辞書や単語集に掲載されている語の意味項目を単に記憶するだけで安心していると，「聞き取れても意味がわからない」ということにつながる。語の意味は，通常は，さまざまな状況の中で変化する。そのため，英語を聞き取るという観点からすれば，**それぞれの語がどういった状況でどのように用いられるのか，その用例をなるべく多く頭の中にストックする**しかない。そして，そのストックが大きくなればなるほど，その語の意味を正確に習得できるようになるのである。take であれば，(2)，(3)，(4)と用例のストックが増えていくにつれて，聞き取りの力はぐんと伸びる。

(2) Take me for a ride. （ドライブに連れてって。）

(3) Take me for who I am. （あるがままの私を受け入れて。）

(4) Can you take me in for a week? （1週間泊めてくれない？）

ただし，すべての語が，状況によって変化する意味をもつわけではない（比喩として用いられる場合は除く）。状況に左右されない例としては，(5)の R and R が相当する。R and R は，rest and recreation（慰労休暇）の略である。

(5) You should get some R and R.

R and R は極めて聞き取りにくいが，状況に応じて意味が変化することはない。一般に，略語や専門用語は聞き取りにくいことが多いので，確実に聞き取るためにも，こういった語のストックを増やしておくとよいだろう。

　なお，聞き取れているのに意味がついてこないもう1つの大きな理由として，構造的な計算ができないということがある。音は線形であるので，統語構造を把握するための後戻りができない（書かれているテキストであれば，読み返すことができる）。したがって，(6)のように統語構造が入れ子状態になっており，しかも，文が切れ目なしに続く場合，意味の計算が追いつかず，どんどん進む音声の連続についていけなくなってしまう。

(6) Whatever you think you know about this company, the company that leads the world share, is irrelevant to our interest in ... you know, what we call ...
（君が，わが社，世界シェアを誇るこの会社のことをどう思っているのか，そんなことはどうでもいい。つまりだな……）

このような場合は，前節で述べたようにポーズの入り方に注意し，発話の流れを串団子の団子を1つずつ頬張る要領で**チャンク（意味のまとまり）ごとに意味内容をとっていく**とよいだろう。

まとめ　音は聞き取れていても，語句や文の意味がとれないと，その後の聞き取りの効率は下がる。語句や文の意味がうまくとれない理由の1つに，語と意味の対応づけの難しさがある。この現象を解消するには，

(1) 単語の日本語訳を機械的にあてはめず，状況の中で変化する単語の用例をなるべく多くストックするとよい。
(2) 単語力はやはり大事。また，文の構造にあまり気を配りすぎないようにし，統語的ならびに意味的なかたまりで聞くのがコツである。

3.7 予測の力
状況を把握して聞き取る

The key insights, it seems to me, is that speech, writing, thought, and inference are *situated* activities.（私が思うに，肝心なのは，話す，書く，考える，そして，推論することは，状況があっての行為であるということである。）

(Jon Barwise. *The situation in Logic*. p.xiii)

　英語を聞くときは「予測」の力が大事であるということは，たいていの「英語はこれで聞き取れる」系の本に書いてある。実際にこれは本当のことで，つまるところ英語がきちんと聞き取れるかどうかは「予測」の力をどれだけ鍛えるかによるといっても過言ではない。「これで聞き取れる」系の本には，日本語でも全部聞き取れているわけではない，それでも会話に困ることはないではないか，とも書いてある。これも真実である。そもそも英語を母語とする人ですら聞き取れないような小さな音を聞き取れ，という方が無茶なのである。3.1 節で述べたように，通り慣れた道であれば，周りを見ていないようでいて実は見えている状態になる。英語の聞き取りにも同じことがあてはまる。つまり，語彙の予測がつけば，そしてとくにその予測が正しい場合は，その語彙を聞き取ったのと同じ効果が得られるのである。

1　予測を助けるのはやはり文法力

　英語を聞いていて，(1)が聞き取れたとしよう。

(1) I remembered that I often had a pan ... ... the beach ... child.

英語の名詞と形容詞の多くは第 1 音節にストレスが置かれる。このため，第 1 音節に続く部分は聞き取りにくい。「とすれば，pan で始まる語は名詞か形容詞だな。the beach の前には前置詞が置かれている可能性が高い。ならば on だろう。child の前の語が my なのであれば，聞き取れるはずだ。となると，ここは as a child だろうか。どうやら『子どものとき砂浜で』と言っているようだから，pan に続く部分は cake だろうか」と，(1)をみてこのような推論をなさった方は多いのではないだろうか。実際のところ，英語を聞くときは，たいていの人が予測をしながら聞いている。そして，いうまでもなく，予測しやすけれ

ばしやすいほど，わずかな音であっても聞き取れる確率が高くなる。

英語を聞いているとき，もっとも聞き取りやすいのは友人などと英語で話をしているときである。たいていの場合，何について話をしているのかわかっているので，語彙の予測がつきやすい。他方，映画やドラマは予測がつきにくい。これは，シーンが次々に変わるため，登場人物たちの会話の内容の予測がつきにくいからである。したがって，月並みではあるが，**日頃からいろいろな話題に親しんでおいて予測力を上げることが大事となる。**

ところで，こういった予測を可能にするのは，なんといっても文法力である。前置詞の at や in といった機能語は聞き取れないことが多いが，それを補うのは文法力である。これはおそらく自明であろう。問題は，文法力だけでは十分でないことも多いということである。(2)をみてみよう。(2)では，Wells の前の音が聞き取れなかったのだとしよう。

(2) There is an Italian restaurant ... Wells and Williams.

(2)の場合，Wells の前の音として考えられるのは，at である。この予測をするためには，米国などにおける道路の名前には人名がよく使われること，および，交差点を指すときは2つの道路の名前が用いられるといった**社会的ならびに文化的な知識が必要**である。この知識があってはじめて，Wells の前の音は at であるということを文法力で補うことができる。次の例も，文法力だけでは聞き取りが難しい例である。

(3) A: You are disgusting, because you are mean, because you are cheap, ...
   B: ... else?

(3)では，A が，B を嫌う理由を because を用いて列挙している。B はそれに対して else を用いているのであるから，else の前は why か what である。つまり，B は「ほかにどんな理由があるの？」と聞いているのだという推論をまずは行う必要がある。そしてここからは音韻的な知識が役に立つ。つまり why と what が弱く発音される場合，why の方が弱い音になるのであるから，ここは why なのだろうという予測がつくことになる。

2　発話状況はことばに対してどのようにはたらくのか

　語や語句の予測を可能にするもう1つの重要な要因がある。それは文の背景
となる発話状況である。前節で，友人と英語で話をしているときは聞き取りや
すいことに触れた。これは，通常は発話状況がわかっていて，使われる語の予
測がしやすいからである。こういった発話状況が言語に対してはたす役割は極
めて大きく，言語学ではますますその重要性が明らかになってきている。そこ
で，この節では，先の3.6節とも関係がある「発話状況がことばにどのような
影響を及ぼすのか」という問題について，言語学からどういった知見を得られ
るのかをみてみよう。

　人工知能の研究で扱われる問題の中に「フレーム問題」というのがある。ロ
ボットが課題を遂行する際，そのロボットが当面関係のある事柄を状況から選
び出すことは極めて難しいというのがフレーム問題とよばれるものである。自
然言語の観点からいえば，このフレーム問題の「フレーム」とは「場面（の枠）」
のことである。自然言語では，場面が決まると，そこで用いられる語や表現の
種類が絞られ，また語や表現の使い方も定まってくる。たとえば，自宅で「お
い，お茶」と言えばお茶が出てくる可能性はあるが，会社で同僚に向かって言
うとただではすまない。これは，同じ表現であっても，自宅フレームと会社フ
レームとでは，語用論的な解釈のされ方が異なるからである。

　こういったフレームと言語の関係は言語学では重要な研究対象となる。中で
も Kratzer（1881, 1991）による様相表現の分析は有名で，多くの研究で応用も
されている。まず次の文を考えてみよう。

(4) 君はそれを終わらせないといけない。　→ You must finish it.
(5) 君は天才に違いない。　→ You must be a genius.

論理学においては，must は，(4)では義務論理的，(5)では認識論理的なモダリ
ティを表すものとして区別される。日本語でも，義務を表すモダリティは「〜
なければならない」，認識を表すモダリティは「〜に違いない」のように，語彙
的に区別される。しかしながら，英語では，モダリティが義務的であろうと認
識的であろうと，どちらの場合も must が用いられる。このことはどう考えた

らよいであろうか。must は 2 つの異なる意味をもつ多義語なのだろうか，それとも意味はやはり 1 つなのだろうか。Kratzer は後者の立場をとる。

Kratzer は，must は，それが使用されるときの状況（発話の背景や常識的知識など）に応じて，義務的にも認識的にも解釈されるとした。たとえば，(6)は「ジョンは罰金を払わなければならない」と「ジョンは罰金を払うに違いない」のどちらの解釈も可能である。

(6) John must pay a fine.

しかしながら，ジョンの過失に関する法的な議論を行っている状況（法的議論フレーム）で(6)が発話された場合は，「払わなければならない」という義務的な解釈の方が適している。また，ジョンの誠実さを話題にしている状況（性格に関するフレーム）であれば，「払うに違いない」という認識的な解釈の方が適しているだろう。

Kratzer の理論は，発話の場面（フレーム）の違いが語の意味の違いを生むことを理論化したものである。この理論が示唆するように，一般的に語彙は文脈に応じてその意味や文法的な機能を変える。そのため，聞き取りの際の効果的な予測を行うためには，語の意味を発話の場面と対にして覚えることも重要になってくる。たとえば，(7)を「どうも。あなたはメアリーに違いない」などと訳すと，何を言っているのかわからなくなる。

(7) Hi. You must be Mary.

(7)は「どうも。メアリーさんですね」ということであるが，must のこういった用法は，挨拶の場面と must を対にして覚える方が効果的である。

 まとめ 英語の聞き取りには，予測の力が極めて重要である。予測を助けるのは文法力であるが，それだけでは十分ではない。

(1) 予測には社会的ならびに文化的な知識も必要であるため，日頃からいろいろな話題に親しんでおくとよい。

(2) 語や文の意味は発話の場面（フレーム）に応じて変わる。そういった語彙の柔軟性を会得していくことで予測力を上げることができる。

3.8 文の曖昧性とイントネーションの関係
モダリティと否定，そして only の意味解釈

しばしばイントネーションが潜在的に曖昧性をもつ文を曖昧でない文に変える。
(オールウド，アンデソン，ダール『日常言語の論理学』p.75)

英語を聞き取る際に，しばしば問題となるのは，発話が 2 通り（以上）の意味にとれて**曖昧（ambiguous）**になる場合があることである。本節では，発話の曖昧性について，さまざまな英語の現象をもとに考察する。その際，**イントネーションやプロソディ（韻律）の境界などを加えることにより，潜在的には曖昧である文が曖昧でなくなる**という現象に注目し，発話の意味を理解するためには，音声的な要因も重要な役割をはたしていることを示す。

1 曖昧性とイントネーション

曖昧性（ambiguity）という概念は，しばしば不明確性（vagueness）との違いとともに論じられるが，ある語，句，文に 2 つ以上の意味があり，一義的に決定できない場合，その表現は曖昧であるという（それに対して，不明確性は「太郎は背が高い」「この部屋は大きい」など，文脈依存的な意味をもった文を分析する際にかかわってくる概念である）。

理論言語学では，曖昧性には，**語彙的曖昧性**（lexical ambiguity）と**構造的曖昧性**（structural ambiguity），そして**スコープの曖昧性**（scope ambiguity）の 3 種類があると考えられている。まず語彙的曖昧性と構造的曖昧性について考えてみよう。語彙的曖昧性の代表的な例としては，英語の法助動詞の多義性をあげることができる。英語の may には，許可の意味を表す根源的（root）用法と，（弱い）可能性を表す認識的（epistemic）用法の 2 つの用法があるが，以下の文の意味は 2 通りに曖昧である。

(1) I may come tomorrow.

しかしながら，Coates (1983) が指摘しているように，**根源的な may と認識的な may は異なる韻律的特徴を有しており**，(1)の曖昧性は，イントネーションによって解消することができる（/ は，上昇調を表し，# は音調単位の終わり

を示す)。

(2) a. I /mày come tomorrow# (＝認識的読み)
　　b. I may /come tomòrrow# (＝根源的読み)　　　　　(Coates (1983：246))

認識的な may は，「かもしれない」という意味をもっているが，通常，強勢を受け，下降プラス上昇調のイントネーションをもつ。それに対して，根源的な may は，許可の意味（「～してもよい」）をもち，通常強勢を受けず，下降調のイントネーションをもつ。このような違いは，may に限らず，must にもみられ，認識的な must（に違いない）は根源的な must（なければならない）よりも強勢を受けやすい。このことは，英語の法助動詞の意味はイントネーションと密接に関係していることを示している。

　次に構造的曖昧性について考えてみよう。構造的曖昧性とは，文の構造が2通り以上に分析できる結果生じる曖昧性のことをいう。たとえば，以下の例は，with the gun が動詞を修飾するか名詞を修飾するかで，構造的に曖昧である。

(3) Anna frightened the woman with the gun.
　　a. 動詞修飾読み：Anna frightened the woman | with the gun.
　　b. 名詞修飾読み：Anna frightened | the woman with the gun.
　　　　　　　　　　　　　　　　　　　　　　　　　(Hirschberg (2004：523))

(3a)の読みでは，銃をもっているのは Anna であり，(3b)の読みでは，銃をもっているのは女性であることに注意されたい。ここで興味深い点は，Hirschberg（2004）が指摘しているように，**プロソディ（韻律）境界の位置により，曖昧性を解消することができる**という点である（ | はプロソディの境界を表す）。(3a)のように，with the gun の前にプロソディの境界を置いた場合，動詞修飾の読みとなり，(3b)のように，the woman with the gun の前にプロソディ境界を置いた場合は，名詞修飾の読みとなる。このようにプロソディ境界は，発話の意図を聞き取る（理解する）うえで大きなヒントとなる（たとえば，名詞修飾の読みの場合は，the woman with the gun が1つのかたまりとなっている）。

2　スコープ（作用域）の曖昧性

　次にスコープの曖昧性について考えてみよう。スコープとは，概略，数量詞（all, some），否定辞（not），疑問詞，副詞，接続詞などの要素が影響を及ぼす範囲のことである。スコープの曖昧性は，これらが同一の文の中で 2 つ（以上）現れる場合に生じる。たとえば，次の否定と all を伴った例について考えてみよう。

(4)　All the men didn't go.

この文は，all のスコープの中に not がある「全部否定」の解釈（＝すべての男性が行かなかった）と not のスコープの中に all がある「部分否定」の解釈（＝すべての男性が行ったわけではない）で曖昧である。しかしながら，Jackendoff（1972）が指摘しているように，2 つの解釈はイントネーションによって区別することができる。もし(4)が，(5a)のように下降イントネーションを伴った場合は，全部否定として解釈され，(5b)のように，下降上昇イントネーションを伴った場合は部分否定として解釈される（Jackendoff（1972：352））。

(5)　All the men didn't go.
　　a. All the men didn't go.（ALL > NOT）
　　　　　　　　　　　　　　　　　　　　（全部否定：下降イントネーション）
　　b. All the men didn't go.（NOT > ALL）
　　　　　　　　　　　　　　　　　　　（部分否定：下降上昇イントネーション）

　次の because 節を伴った否定文も，スコープの曖昧性の例であるが，ここでもプロソディ境界によって 2 つの読みを区別することができる。

(6)　Bill doesn't drink because he's unhappy.
　　a. Bill doesn't drink because he's unhappy.（NOT > Because）
　　b. Bill doesn't drink | because he's unhappy.（Because > NOT）
　　　　　　　　　　　　　　　　　　　　（Hirschberg（2004：527））

(6a)の読みは，Bill は unhappy であるから酒を飲むのではないということを意

味しており，この読みでは，NOT が because 節よりも広いスコープをもっている（because 節を否定している）。つまり，(6a)の読みでは，Bill はお酒を飲むのである。それに対して，(6b)の読みでは，Bill は unhappy なのでお酒を飲まないということを意味しており，because は not よりも広いスコープをもつ（because は否定の対象になっていない）。(6b)は(6a)と異なり Bill はお酒を飲まないのである。音声的には，because の前にプロソディ境界が置かれると，(6b)の読みが自然となる。ただし必ずプロソディの境界が必要というわけではない（Hirschberg (2004)）。

　最後に，only の意味解釈とフォーカスの位置の関係について考察してみよう。次の例は，only が Mary にかかる読みと Sue にかかる読みとで曖昧である。

(7)　John only introduced <u>Mary</u> to <u>Sue</u>.

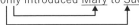

しかし，以下のように，only がかかる要素にフォーカス（焦点）が置かれると，(7)は曖昧ではなくなる（大文字の部分は，フォーカスを表し，強く読まれる）。

(8)　a.　John only introduced MARY to Sue.
　　　　（ジョンはメアリーだけをスーに紹介した。）
　　b.　John only introduced Mary to SUE.
　　　　（ジョンはスーだけにメアリーを紹介した。）

　以上のように，音と意味は密接に関係している。プロソディの境界やイントネーション，フォーカスを聞き取る訓練をして，話し手の意図を正確に読み取る力をつけよう。

ことばの意味はしばしば曖昧になるが，聞き取りの際は，音声情報をヒントに意味について考えるとよい。

（1）曖昧性には，語彙的な曖昧性と構造的な曖昧性，そしてスコープの曖昧性の3種類がある。
（2）文の曖昧性は，しばしば，イントネーションとプロソディの境界，そして強勢等によって解消される。

3.9 発話の流れを把握する
前提と情報のアップデート

> Communication, whether linguistic or not, normally takes place against a background of beliefs or assumptions which are shared by the speaker and his audience.（コミュニケーションは，言語的であれ，非言語的であれ，通常，話し手と聞き手で共有された背景知識あるいは想定のもとで行われる。）（Robert Stalnaker, *Context and Content*, p.48）

　英語の聞き取りというと，音を正確に聞き取り，意味を理解するということに意識が行きがちであるが，**相手の発話を理解するためには，相手がどのような前提で話しているのかということを理解することも重要である**。本節では，理論言語学における前提の概念を概観し，英語には前提情報を引き出す単語や構文があり，これらの単語と構文が前提を理解する際の手がかりとなることを示す。また，もし話し手が想定している前提を（理解はできるが）受け入れることができない場合，どのように対応できるかという点についても考察する。

1　前提とは

　前提（presupposition）とは，概略，発話の前段階において，当然真であると思われている事柄（命題）のことであるが，前提には，大きく分けて，**意味論的前提**（semantic presupposition）（Strawson（1950））と**語用論的前提**（pragmatic presupposition）（Stalnaker（1974））の 2 種類がある。意味論的前提のアプローチでは，前提は，命題の真偽性を判断する際の前提条件（必要条件）とみなされ，もし前提となる命題が偽である場合は，文の命題の真偽性を判定することができないとされている。一方，語用論的前提のアプローチでは，前提は話し手と聞き手の間で共有されている知識（命題）の集合とみなされている。

　前提という概念は，文脈と密接にかかわる概念であるが，前提情報は，しばしば，特定の単語や構文によって引き出される。言語学では，前提を引き出す単語や表現は**「前提の引き金」**（presupposition trigger）とよばれる。たとえば，次の例における所有格の 's は前提の引き金であり，Mary's brother から「メアリーには兄弟がいる」という前提が引き出される。

(1) Mary's brother went to Chicago.（前提：メアリーには兄（弟）がいる。）

　前提という概念で重要なことは，(2)のように，たとえ文全体が否定されたとしても，**前提情報は生き残る**という点である。

(2)　Mary's brother didn't to go Chicago.（前提：メアリーには兄（弟）がいる。）

(1)と(2)は正反対のことを言っているが，前提情報は同じである。

　英語には，所有格以外にも，前提を引き出すさまざまな引き金がある。以下でいくつか代表的な例をみてみよう。まず，英語の冠詞 the には「存在前提」があるため，前提の引き金となっている。以下は，言語哲学と言語学において非常に有名な例であるが，この文の前提（「フランスには王がいる」）は偽であるため（現在，フランスには王はいない），文の命題が真であるかどうかが判断できなくなっている（# は文脈的に不自然であることを表す）。

(3)　# The king of France is bald.（前提：フランスには王様がいる。）

　さらには，know や regret などの事実述語（factive predicate）は，補文（that 節内）の命題が真であるという前提を引き出す。

(4)　John {knows/doesn't know} that Mary is ill.（前提：メアリーは病気だ。）

また，(5)の**強調構文**には，「アリスは誰かを愛した」という前提がある。

(5)　It {is John/is not John} who Alice loved.（前提：アリスは誰かを愛した。）

また(6)の**疑問文**には，「彼は帰った」という前提がある。

(6)　When did he leave?（前提：彼は帰った。）

　以上のように，**前提の引き金にはさまざまなものがあるが，会話の聞き取りの際は，それらに注目することで文脈の理解が格段に深まる。**

2　前提の調整

　前節で，（語用論的）前提とは，発話がなされる前に話し手と聞き手の間に共有されている情報であると定義したが，実際には，聞き手はその情報を事前に把握していないケースもある。たとえば，次の例をみてみよう。

(7)　I'm sorry I'm late, my son got sick.　（前提：私には息子がいる。）

この文には，「話し手に息子がいる」という前提があるが，もし仮に聞き手が，話し手には息子がいるということを知らない場合でも，聞き手は，その情報を新しい情報としてその場で受け入れ，違和感なく(7)の発話を理解することができる。このような，聞き手が前提をその場で受け入れることを，「前提の調整」（presupposition accommodation）という（Lewis (1979)）。前提の調整は，**コミュニケーションを円滑に進めるためには，話し手の前提に合わせる柔軟性が必要である**ことを示唆している。

　このように，前提はとくに問題がなければ，聞き手は自動的に受け入れるものであるが，状況によっては受け入れられないものもある。たとえば，たまたま事故現場の近くを歩いているときに，警察官に以下のような質問をされたとしよう。

(8)　How fast was the car going when it ran the red light?
　　　（前提：その車は赤信号を無視して走った。）

この質問は，その車が赤信号を無視したということを前提とした質問文であるが，もし聞き手が事故の状況を把握していない場合，この質問に答えることは難しいであろう（たとえ「知りません」と答えたとしても，「その車が赤信号を無視した」ということを認めたことになってしまう）。

　このような場合はどう答えたらよいのであろうか。von Fintel (2004) は，'(hey), wait a minute!' という表現を使うことにより，そもそもの前提に対して異議を唱えることができると主張している。たとえば，(8)に対して，(9)のように言うことで，「私は前提を共有していない」ということを伝えられる。

(9) Hey, wait a minute! I didn't know that the car ran the red light.

　また，Huang（2007：67）は，前提の引き金の使用自体を問題とすることで，前提に対して異議申し立てができると指摘している。

(10) A: The king of France is bald.

　　　B: The King of France? But is France not a republic?

(11) A: The boy cried wolf again.

　　　B: What do you mean by 'again'? The boy didn't cry wolf before.

(Huang（2007：67））

(10B)では"the king of France"の前提部分を疑問化し，(11B)では"what do you mean by〜"という表現を使って，againによる前提を疑問化している。(11A)のagainからは，「以前にもその男の子はウソをついて驚かせた（cry wolf)」という前提が引き出されるが，(11B)はそれに対して反論している。ここでのwhat do you mean by〜は，「〜とはどういう意味か？」という文字通りの意味ではなく，「〜とはどういう意図か？」という意味であることに注意されたい。

　以上，本節では，前提という概念について考察してきた。**コミュニケーションは，さまざまな前提をもとに進むという性質をもつ。したがって，話し手の発話の意味を理解するためには，その背景となる前提情報も理解する必要がある。**外国語での会話に慣れていない場合，私たちは，1つ1つの単語を正確に聞き取ることに意識が行きがちであるが，そこだけに意識がいくと「木をみて森をみず」の状況に陥ってしまう。**本節で考察した，前提を引き出す単語や構文は，会話の背後の前提を理解し，相手の話を聞き取るうえで大きなヒントになる。**

 まとめ 聞き取りの際前提情報を引き出す単語や構文をヒントに文脈を理解する。

　（1）聞き手は，話し手が想定している前提を汲み取る柔軟性が必要である。

　（2）黙っていると，相手は，前提がそのまま受け入れられたものだと理解するため，もし前提を受け入れられない場合は，前提を共有していないということを相手に明示的に伝える必要がある。

3.10 発話レベルの意味から推論レベルの意味へ
グライスの会話の公理

Our talk exchanges do not normally consist of a succession of disconnected remarks,
and would not be rational if they did. (ことばのやり取りというのは通常はけっしてつ
ながりのない発言からなるものではないし、もしもそうならば合理的ではないだろう。)
(Paul Grice, *Logic and Conversation*, p.45)

当たり前のことであるが、たとえ音を正確に聞き取れたとしても、相手の発
話の意味が理解できなければ聞き取ったことにはならない。本節では、聞き取
りの際は、音を正確に聞き取ると同時に、相手の発話の意図とは何かを平行し
て考えることの重要性について、推意とよばれる現象を例に考える。

1 グライスの協調の原理と4つの公理

哲学者のグライス（Paul Grice）は、話し手と聞き手は共通の目的・方向性
のもとで互いに協力して会話を進めていると主張し、具体的には、4つの下位
原則を提案した。

(1) グライスの4つの公理 (Grice (1975))
　　1. 量の公理（Maxim of Quantity）：
　　　　a. 当該のやり取りのその場の目的のために必要とされるだけの十分な情報を
　　　　　　与えよ。
　　　　b. 必要とされる以上の情報を与えるな。
　　2. 質の公理（Maxim of Quality）：真であることを言え。
　　3. 関連性の公理（Maxim of Relation）：相手の発話と関連性のあることを言え。
　　4. 様態の公理（Maxim of Manner）：明快であれ。
　　　　a. 不明瞭さを避けよ。
　　　　b. 曖昧性を避けよ。
　　　　c. 簡潔であれ。
　　　　d. 順序立った言い方をせよ。

ここで重要な点は、これらの公理は、暗に伝達される意味（推意）を生み出す
もととなっており、相手の発話の意図を理解する際に、重要な役割をはたして
いるという点である。以下、グライスによる4つの公理から生じる推意の具体

例をあげてみたい。まず，(2)は「量の公理」の(a)から生じる推意の例である。

(2) *Some* of the boys went to the soccer match.   (Levinson (1983：119))
   (推意：すべての男の子がサッカーの試合に行ったわけではない。)

(2)からは，some ということで，「全員ではない」という推意が生じる。
   次に，「質の公理」の例について考えてみよう。

(3) This cake is tasty.
   (推意：話し手は証拠をもとに，そのケーキはおいしいと考えている。)

この発話から，通常，聞き手は，話し手は実際にそのケーキを食べたと推論するであろう。もし話し手がそのケーキを実際に食べたわけではない場合，この発話は不適切な文となる。
   次の例は，「関連性の公理」から生じる推意である。

(4) A: Can you tell me the time?
   B: Well, the milkman has come.   (Levinson (1983：98))

Bが「関連性の公理」を遵守していると想定した場合，Bの発話から，「牛乳配達の人がいつも来る時間（たとえば早朝の5時頃）だ」という推意が生じる。
   最後に，(5)は様態の公理から生じる推意である。

(5) Tom went to the store and bought some whisky.
   (会話的推意：店に行ってからウイスキーを買った。)

論理的には，and は2つの命題を並置しているにすぎないが，様態の公理（d）により，命題の順序は出来事の順序に対応していると解釈される。
   以上のように，**聞き取りの際は，文字通りの発話を聞き取るだけではなく，プラスアルファの意味についても同時に考える必要がある。**

2　会話の公理をわざと破る場合

　推意の興味深い点は，私たちは，**わざと会話の公理に違反する（逆用する）**ことで，相手に言外の意味（推意）を伝達することができるということである。

　以下，公理をわざと破ることで推意を伝達している例について考えてみよう。まず，グライスが言うように，以下のような同語反復（トートロジー）は，量の公理の1つめを極端に無視した例であると考えることができる。

(6) Boys will be boys.
　　（推意：男の子はどこまでいっても男の子だ。（しょうがない））

(6)は，同じことを繰り返しているだけで（論理的には常に真である命題である），情報量はまったくない。しかしながら，わざと情報量のない言い方をすることで，男の子はいたずらをしても仕方がない，どんなに大人ぶっても男の子はどこまでいっても男の子だ，というような言外の意味を生み出すことができる。

　以下は，質の公理をわざと破っている例である。

(7) Queen Victoria was made of iron.　　　　　　　　（Levinson (1983：110)）
　　（推意：ビクトリア女王は，頑固である，強い，融通がきかない，等）

「ビクトリア女王は鉄からできている」という文の命題は偽であり，明らかに質の公理に違反しているが，わざとこのように言うことで，ビクトリア女王は，頑固である，強い，タフであるというような推意が，状況に応じた形で現れる。

　さらに次の例は，関連性の公理をわざと違反した例と考えることができる。

(8) John: Susan can be such a cow sometimes!
　　（ぞっとするような沈黙が流れる。）
　　Mary: Oh, what a lovely day today!
　　（推意：陰で人の悪口をいうべきではない。）　　　　　（Huang (2014：36)）

Mary は，まったく無関係なこと（天気のこと）を言っているが，この発話から，Mary は「陰で人の悪口をいうべきではない」といった推意を伝達してい

ると解釈できる。

　最後に，(9b)は，様態の公理の「簡潔であれ」をわざと破っている例である。

(9)　a. John smiled.

　　　b. The corners of John's lip turned slightly upward.

　　　（推意：ジョンは本当に笑ったわけではない。）　　　（Huang (2014：36)）

(9a)のように簡潔な形で「ジョンは笑った」と言う代わりに，(9b)のように，同じ意味内容を，あえて複雑かつ長い表現を用いて表現することで，「ジョンは本当に笑ったわけではない」という推意が生まれる。

　本節では，暗に伝えられた意味がどのようなメカニズムにより現れるのかという点について考えた。読者の中には，相手の英語は正確に聞き取れているのに，何を言っているのかわからないという経験をした人は少なからずいるだろう（筆者は，米国に留学した経験があるが，そのような状況になったことが結構あった）。そのようなときは，相手はわざと無関係のことを言ったり，回りくどい言い方をしたりすることで，暗に何かをほのめかしていると考えてみるとよい。相手の言っていることを理解するためには，音声レベルで正確に聞き取ることはもちろん重要であるが，それだけでは不十分で，**「相手はこのような言い方をすることで何を言わんとしているのか」ということを聞き取りながら考える必要がある。**

まとめ　相手の発話を聞き取る際は，文字通りの意味だけではなく，推論レベルの意味（推意）も理解する必要がある。

（1）推意の中には，わざと会話のルール（公理・原則）を破ることによって生じる推意もある。

（2）会話の聞き取りの際は，「相手が何を言っているのか」ということだけではなく，「相手が何を言わんとしているのか」ということも意識する必要がある。

オールウド, J.・L. G. アンデソン・Ö. ダール（著）, 公平珠躬・野家啓一（訳）（1979）『日常言語の論理学』, 産業図書.（Allwood, J., L. Andersson and Ö. Dahl (1977) *Logic in Linguistics.* Cambridge University Press.)

Bach, K. (1998) ambiguity. *Routledge Encyclopedia of Philosophy,* pp.11-14, Routledge.

Büring, D. (2016) *Intonation and Meaning,* Oxford University Press.

コーツ, ジェニファー（著）, 澤田治美（訳）（1992）『英語法助動詞の意味論』, 研究社.（Coates, J. (1983) *The Semantics of the Modal Auxiliaries.* Croom Helm.)

エーコ, ウンベルト（著）, 河島英昭（訳）（1990）『薔薇の名前』, 東京創元社.（Eco, U. (1980) *Il nome della rosa,* Gruppo Editoriale Fabbri-bompiani.)

von Fintel, K. (2004) would you believe it? the king of france is back! (presuppositions and truth-value intuitions). A. Bezuidenhout and M. Reimer (eds.), *Descriptions and Beyond,* pp.315-341. Oxford University Press.

Grice, H. P. (1975) logic and conversation. Cole, P. and J. Morgan (eds.) *Syntax and Semantics, vol. 3 : Speech Acts,* pp.43-58. Academic Press.

Grice, H. P. (1989) *Studies in the Way of Words.* Harvard University Press.

Hirschberg, J. (2004) pragmatics and intonation. Horn, L. R. and G. Ward (eds.) *The Handbook of Pragmatics,* pp.515-537, Blackwell Publishing.

Huang, Y. (2007) *Pragmatics,* Oxford University Press.

Jackendoff, R. (1972) *Semantic Interpretation in Generative Grammar,* MIT Press.

Kratzer, A. (1981) the notional category of modality. H. J. Eikmeyer and H. Rieser (eds.) *Words, Worlds, and Contexts : New Approaches in Word Semantics.* pp.38-74, de Gruyter.

Kratzer, A. (1991) modality. A. von Stechow and D. Wunderlich (eds.) *Semantics : An International Handbook of Contemporary Research,* pp.639-650, de Gruyter.*

Levinson, S. C. (1983) *Pragmatics,* Cambridge University Press.

Lewis, D. (1979) scorekeeping in a language Game. Baüerle, R., U. Egli, and A. von Stechow (eds.) *Semantics from a Different Point of View,* pp.172-187, Springer.

Maddieson, I. (1984) *Patterns of Sounds,* Cambridge University Press.

Matsumoto, Y. (1985) a sort of speech act qualification in Japanese : *Chotto. Journal of Asian Culture* IX : 143-159.

メルロー＝ポンティ, M.（著）, 竹内芳郎・小木貞孝（訳）（1967）『知覚の現象学 I』, みすず書房.（Merleau-Ponty, M. (1945) *La Phénoménologie de la Perception,* Gallimard.)

Pierrehumbert, J. and J. Hirschberg (1990) the meaning of intonational contours in the interpretation of discourse. Cohen, J., J. Morgan, and M. Pollack (eds.) *Intentions in Communication,* pp.271-311. MIT Press.

澤田治美（2014）『現代意味解釈講義』, 開拓社.

Sawada, O. (2018) *Pragmatic Aspects of Scalar Modifiers : The Semantics-Pragmatics Interface.* Oxford University Press.

Shockey, L. (2003) *Sound Patterns of Spoken English,* Blackwell Publishing.

Stalnaker, R. (1974) pragmatic presuppositions. Munitz, M. and P. Unger (eds.) *Semantics and Philosophy,* pp.197-214. New York University Press.

Stalnaker, R. (1999) *Context and Content : Essays on Intentionality in Speech and Thought.* Oxford University Press.

Strawson, P. F. (1950) on referring. *Mind,* **59,** 320-344.

渡辺和幸（1994）『英語イントネーション論』, 研究社.

ウェルズ, J. C.（著）, 長瀬慶來（監訳）（2009）『英語のイントネーション』, 研究社.

第 **4** 章

英語の話し方

4.1 スピーキング力
スピーキング力って何？

> 知識は静的（すなわちオフライン）なものであり，運用は動的（すなわちオンライン）
> なものである。
> （畠山雄二『英語の構造と移動現象』p.271）

　日本人は英語が話せない。これは多くの人を長年悩ませている問題である。そして，その解決案として「文法は必要ない」とか「日本語を訳すやり方はやめる」などの提言がなされている。実際，教育現場でも英語の授業を英語でやるオールイングリッシュが主流となっている（現場の実態はわからないが）。本章ではこの難問を扱うわけであるが，英語教育への提言をするつもりはない。それは所詮，経験論に終わるだろうし，何か言ったところで単なる個人の見解にしかならないからだ（場合によっては感情論になることもある）。では，何をするかというと，理論言語学の知見をもとにスピーキングに切り込んでいくこと，これに尽きる。理論言語学の知見というのは仮説である。そのため，絶対的な指標とはならないが，それでも多くの学者が長年かけて議論を重ね蓄積した言語に対する洞察である。その洞察をもとにスピーキングを考えるのは，単なる個人の見解を述べる以上に価値あることであろう。まず，本節では総論としてスピーキング力とは何かを考える。

1 スピーキングにおける文法とは？ ―オフラインとオンラインの区別―

　スピーキングの議論でよくやり玉にあげられるのが文法である。革新派が「文法なんかにこだわるから話せない」と主張すると，保守派が「文法を知らないとまともな英語が話せない」と反論する。しかし，革新派にしてもまったく文法が必要ないと言ってるとも思えないし（もしそうならそれはかなりの過激派だと思う），保守派にしても文法のすべてを知ってないとダメだと言ってるとも思えない（もしそうならそれも過激派だと思う）。つまり，もっと具体的に「スピーキングにはどういう文法が必要（または不必要）なのか」という議論がなされていない。

　この点を考えるにあたり，まず大事なことは，**文法というのは言語に関する知識であるが，スピーキングは言語を実際に運用することである**という認識で

ある。具体的にみていこう。

(1) a. John broke the window.（ジョンは窓を壊した。）
　 b. John broke his leg. 　　　（ジョンは足を折った。）

(1)はともに主語が John であるが，(1a)の John と(1b)の John には意味的な違いがある。(1a)の John は「窓を壊す」という動作を行った「行為者」であるが，(1b)の John は「足を折る」という被害に遭った「被害者」である。この違いは，［動詞（broke）＋目的語（the window/ his leg）］が表す意味の違いからきている。つまり，［動詞＋目的語］というセットが主語の意味を決めている。

(2) a. John（行為者）←［broke the window］（＝(1a)）
　 b. John（被害者）←［broke his leg］　　（＝(1b)）

この［動詞＋目的語］というセットは動詞句とよばれるが，「文には主語や動詞句がある」といった知識が文法である。(2)では，［broke the window］と［broke his leg］という語順的に後ろにある動詞句が前にある主語の John の意味を決めていることから，文法という知識は必ずしも語順という時間の流れに沿って使われる必要がないことがわかる。つまり，**文法は時間の制約を受けない**。

　これに対して，スピーキングは語順という時間の流れ通りに文を組み立てていく実技である。よって，(2)のように語順的に後ろにある動詞句からボトムアップ式に文を組み立てていくことはできない。あくまで，語順通りにトップダウン式に文を組み立てていく必要がある。つまり，**スピーキングは時間の制約を受ける**。このことから，時間の制約を受けないオフラインの文法知識を時間の制約があるオンラインのスピーキングで使えるものにする必要があることがわかる。ここでいう「時間の制約」というのは「語順」のことである。よって，「スピーキングにはどういう文法が必要（または不必要）なのか」を考えるには，以下の作業が必要である。

(3) **時間の制約を受けないオフラインの文法知識を「語順」という時間の制約を受けるオンラインの観点から捉え直す。**

このように，**スピーキング力とは「オンライン仕様の文法」を知っていること**である。

2　日本語は不要？ ―「英語で考える」ではなく「英語の語順で考える」―

　先ほどオールイングリッシュのことを述べたが，そこには「英語を英語のま
ま理解しよう」という意図があり，その根底には「日本語を介さずに英語で考
えることが大事」という主張があるように思われる。しかし，ここで注意しな
ければならないのは，「母語を介さずに外国語を学ぶことは効果がある」という
ことが（そういう研究はあるにしても）科学的に証明されているわけではない
ことである。そもそも効果があるかどうかの前に，その前提となる「母語を介
さずに外国語を理解することは可能か」ということすらわかっていないし，こ
の問題は「言語なしの思考は可能か」という問題くらい難しい。

　だからといって，「英語を英語のまま理解しよう」というのはダメだと言って
いるわけではない。ここで言いたいことは，「英語を英語のまま理解しよう」と
いうのは科学的な根拠に基づく主張ではなく，単なるスローガンだということ
である（逆もしかりで，「英語学習に日本語を活用すべきである」という主張の
妥当性も科学的に証明されているわけではない）。そのうえで，第1項で述べた
「スピーキングは言語を実際に運用すること」という点を思い出してみよう。運
用というのは時間の制約を受ける。そのため，「高速」かつ「自動的」に使える
ことが求められる。具体的にみていこう。

(4) a. 私は彼女がどこに行ったかわからない。

　　b. I don't know where she went.

(4a)の日本語の内容を英語で言うと(4b)のようになる。ここで，(4a)と(4b)の
対応関係を図示すると，次のようになる（①〜⑤の数字は「英語の語順にする
際に並べる順番」を表している）。

(5) 　私は　　彼女が　　どこに　　行ったか　　わからない　。（=(4a)）
　　　 I 　　 she 　　where 　　 went 　　don't know
　　[　①　　　④　　　③　　　　⑤　　　　②　　　]

　　　　　　　　　⇩

I don't know where she went.（=(4b)）

(5)にあるように，日本語の語順と英語の語順は対応していない。そのため，大幅な「配置換え」が必要である。しかし，時間の制約があるスピーキングでこの配置換えに時間をかけるとスムーズなコミュニケーションができない。つまり，スピーキングにおいては，英語の語順でスピーディー（高速）に，スムーズ（自動的）に発話できることが重要となる。そして，高速かつ自動的にやるためには，**英語の語順で意味のまとまりごとに発話していく**ことが重要となる。(4)を例にとると，(6)のように意味のまとまりを英語の語順に沿ってつなげながら，文を組み立てていくことになる。

(6)　私はわからない　―　どこに彼女が行ったか
　　　I don't know　　　　where she went

　ただし，高速かつ自動的に行うというのは，高度なスキル（技術）である。心理学では，エキスパートがつけるようなスキルの習得には1万時間（毎日5時間で約6年間）の練習が必要という研究報告もある（カーネマン（2014）参照）。必ずしもエキスパートになる必要はないにしても，英語のスピーキングというのは，ある意味，そのようなスキルであるため，（どれくらいの時間が必要かはわからないが）それなりの訓練が必要となる。

　また，高速かつ自動的に行うというのは，考える時間が少ない（もしくは，ほとんどない），なかば無意識に話せる状態である。しかし，上述したように，そのような状態になったとしても，日本語を介さず英語のまま作業をしているかどうかは不明である（瞬時に(6)のような日本語を介する作業を行っている可能性もある）。よって，**スピーキング力とは「英語で考える」ことではなく，「英語の語順で高速かつ自動的に考える」**ことであるといえる。

まとめ　スピーキング力とは，

(1) 時間の制約を受ける中で使える「オンライン仕様の文法」を知っていること。

(2) 具体的には，英語の語順で高速かつ自動的に，意味のまとまりごとに英語を話せること。

4.2 アウトプットとは？
情報の単位分けと結合

> リアルタイムの情報処理は1回の処理が単純であればあるほど容易で，負担が軽い。
> （澤田茂保『ことばの実際1』p.17）

　スピーキングは「読む」「書く」「聞く」の3つとかなり異なる。なぜなら，スピーキングは「劇団ひとり」にならない限り，基本的に1人ではできないからである。それに対して，英語を「読む」「書く」「聞く」は別に相手がいなくてもできる。洋書を読んだり，自分のブログを英語で書いたり，洋楽を聴いたりと，「読む」「書く」「聞く」はやろうと思えば1人でできる。また，インターネットの発達で，Skypeなどを使ったオンライン英会話レッスンも利用できるが，生活の一部として英語が必要で話しているわけでない。そのため，個々のモチベーションに左右される。それなりのモチベーションがないと，正直続かないし，やる気も維持できない。こういった事情からなのか，スピーキングと称して音読や原稿を作成したうえでのスピーチなどが行われることがよくある。しかし，それらはアウトプットではなくインプットでしかない。本節では，アウトプットとは何かを考察する。

1　アウトプットの本質 ―頭の中の考えを言語化するプロセス―

　アウトプットには2種類ある。ライティングとスピーキングである。前者は文字を使い，後者は音を使うという違いがあるが，ともに共通していることがある。それは「頭の中で考えていることを言語にする」ということである。この点が重要である。たとえば，音読はアウトプットではない。なぜなら，活字を音声化しているだけだからである。音読はリーディングであって，音を出すというところ以外はインプットなのである。さらに，スピーチもスピーキングのアウトプットにはならない。なぜなら，作成した原稿を音声化しているだけだからである。原稿を作成する段階では頭の中の考えを言語にする作業をしているが，あくまでライティングにおけるアウトプットであって，スピーキングにおけるアウトプットではない。つまり，以下のことがいえる。

(1) 頭の中の考えを言語化するという作業を欠いては，スピーキングの習得はできない。

このように，本当の意味のアウトプットは，言いたいこと（つまり，頭の中の考え）を言語表現に変えるという心的プロセスである。

　このアウトプットには2つの利点がある。1つは，細部にこだわることになるため，正確さの向上につながることである。次の文をみてみよう。

(2) John was bitten by the dog. （ジョンは犬に噛まれた。）

(2)は John と bitten と dog の3つの単語を知っていれば，たとえ受身形を知らなくても理解可能である。なぜなら，「人が犬を噛む」というのは普通ありえないからである。このように，文の意味は文法がわからなくても単語だけで理解できる場合が多いため，インプットだけだとあまり文法などの細部にまで注意がいかない。これに対して，アウトプットの場合は自分で文を組み立てるため，細部にまで注意せざるをえない。たとえば，(2)の文は受身形をきちんと理解していないとつくれない。つまり，アウトプットによってインプットの理解が深まる。さらに，アウトプットは知っている知識（インプット）を使うため，アウトプットの質を上げることは，必然的にインプットの量を増やすことになる。

　もう1つの利点は「**アウトプットは自動化につながる**」ことである。母語話者のように無意識に自動的に話せるようになるには，実際に話すことが必要である。しかし，日本では英語を話す機会も必要もほぼない。つまり，インプット以上にアウトプットが決定的に不足している。しかも，音読やスピーチなどのインプットをアウトプットの代わりにしているため，ほぼアウトプットはやっていないといえる。スピーキングは時間の制約があり，スピードを求められるため，そもそも文字を介入してはダメなのである。

　以上のことをまとめると，次のようになる（白井（2013）など参照）。

(3) a. **アウトプットによって，インプットの学習効果が上がる。**
　　 b. **アウトプットは自動化につながる。**

日本のように英語を話す機会がほとんどない状況でこそ，少しでも本当のアウトプットを行う努力が欠かせないことを，まずは認識する必要がある。

2　リアルタイムの情報処理 ―場面性とリアルタイム性―

　スピーキングは相手と対面かつリアルタイムで行われるため，情報の処理を素早くできることが求められる。必ずしも単純な構造だけが用いられるわけではないが，スピーキングで使われる文は単純で処理が簡単な傾向にある。

(4)　a. I bought an interesting book at Tsutaya.
　　　b. "I bought a book at Tsutaya. It's really interesting."
　　　c. "I went to Tsutaya and I bought a book. It's really interesting."

　(4a)は文法書にあるような標準的な文であり，十分簡潔な文である。しかし，(4a)は文字で見ているから簡潔に思えるが，複数の情報を1文に詰め込んでいるため，リアルタイムの発話としては「重い」といえる。そのため，実際の発話場面では，(4b)や(4c)のように発話される可能性が高い。まず，(4b)では(4a)の文が2文に分けられ，「ツタヤで本を買った」と「その本が面白い」という2つの情報に分けられている。さらに，(4c)では，3つの文が使われ，「ツタヤに行った」と「本を買った」と「その本が面白い」という3つの情報に分けられている。このことを図示すると，次のようになる。

(5)

　(5)にあるように，1つの文に情報を複数詰め込むよりも，情報を分けて伝えると局所的に情報を処理していけるため，負担が軽くなる（澤田（2016）参照）。
　このことは，日本語の場合でも同じである。

(6)　a. 昨日送ったメール読んだ？
　　　b. 昨日メール送ったけど，読んだ？

　(6a)は1文に「昨日メールを送った」ことと「それを読んだか」という疑問の2つの情報を含む。(6a)でもまったく問題ないが，実際の発話では(6b)のように，2つの情報を別々の文に分けて伝える可能性が高い（英語でも，実際の発

話では(6b)のように "I sent you an e-mail yesterday. Did you read it?" と 2
文に分ける可能性が高い)。上述したように，頭の中で考えていることを言語に
するというアウトプットの本質にかかわる部分が日本人にはとくに欠けてい
る。これは時間の制約の中で情報を処理できないことも大きな原因である。そ
のため，**情報の単位分け**をして頭の中で情報を処理しやすくすることは，スピ
ーキングでは有効である。

　さらに，この情報という観点からアウトプットの質を高めることも可能であ
る。具体的にいうと，ある程度アウトプットに慣れてきたら，逆のことをやれ
ばいいのである。つまり，**情報の結合**（merge）である。

(7)　太郎とは高校時代からの付き合いだ。

    a. <u>I met Taro in high school.</u>　<u>We're good friends</u>.
      ［情報 1：高校で出会った］　［情報 2：（今も）友達だ］

    b. Taro and I **have been** good friends since high school.
      ［情報（1＋2）：高校のときから友人である］

(7)の日本語の内容には「高校のときに出会った」と「今も友達である」の 2 つ
の情報が含まれるため，(7a)のように 2 文に分けて言うことができる。この 2
つの情報を 1 つにすると「高校からずっと友達である」となるため，(7b)のよ
うに現在完了形の継続用法を用いる。ここでのポイントは，複数の情報を結合
するには当然ながら形式が複雑になるため，情報を言語化するための文法力が
必要となることである。このように，情報を言語化する（アウトプットする）
ために文法を活用するのであって，その逆ではない。文法を覚えてから活用す
るやり方だと暗記の側面が強くなるし，そもそも単調な作業であるため，モチ
ベーションも低くなる。「情報を伝えるためにどう言語化するか」——それが
スピーキングの習得では重要となる。

◤ **まとめ**　アウトプットとは，

  （1）スピーキングにおいては，時間の制約がある中で，頭の中で考えている
　　　ことを言語化すること。
  （2）情報の単位分けや結合を文法を活用して行うこと。

4.3 効果的なスピーキング
意味と形式のバランス

> 第二言語習得や，応用言語学の知見から，望ましいと考えられている原則はあります。
> それは，「言語の形式にではなく言語の意味に焦点をあてる，すなわち言語を使ってメッ
> セージを伝える」ことに学習活動の重点をおくことです。
>
> (白井恭弘『外国語学習の科学』p.120)

　近年，東京オリンピックなどをきっかけに日本へのインバウンドが増え，日本でもさらに英語を使う機会が多くなるかもしれない。環境が変わったところで，日本では普段英語を話す必要がないことには変わりがないが，唯一，日本人にとって英語を学ぶ必要性が存在する。それは受験である。進学するためには英語でいい点数を取る必要がある。実は，これこそがスピーキングの足かせになっている。受験で求められるのは正確さであるため，日本人にとって，英語学習は正確さを求めることにほかならない。しかし，第二言語習得理論でも指摘されているように，外国語の学習では，誤りを繰り返しながら，次第に適切な文法を習得していくため，最初から100%の正しさを求める必要はない。とくに，時間の制約がある中でスピードが求められるスピーキングにおいては，最初から正確に完璧に話すことは不可能である。本節では，この点を考慮に入れ，効果的なスピーキングについて考察する。

1 言語知識と言語使用は別物 —暗示的知識と明示的知識—

　日本語を使えるのは日本語の知識があるからだが，どのような知識なのかは明示的に説明できないことが多い。国語の授業を受けたから日本語を話せるようになったわけではなく，勝手に話せるようになっただけである。「使えるけど説明できない」のが母語の知識なのである（4.7節も参照）。このように，母語の知識が無意識的な**暗示的知識**なのに対して，母語以外の外国語の習得は，意識的に学習された**明示的知識**がかかわってくる。事実，日本では英語の授業で英文法について学ぶ。つまり，英語の知識は説明されるのである。

　しかし，明示的知識には落とし穴がある。1つは，明示的知識の中身はネイティブでも説明できない無意識の知識だということである。日本語の例で考えてみよう。

(1) <u>花子のように</u>太郎は英語ができない。[**(i)と(ii)の2つの意味**]

 (i) 太郎は<u>花子ほど</u>英語ができない。(=花子は英語ができる)

 (ii) 太郎は<u>花子と同じく</u>英語ができない。(=花子も英語ができない)

(2) <u>花子のように**は**</u>，太郎は英語ができない。[**(i)の意味のみ**]

(1)には(i)と(ii)の2つの意味が出る。これは，「花子のように」が「花子ほど」という解釈と「花子と同じく」という2つの解釈をもつからである。しかし，(2)のように「は」をつけて「花子のようには」とすると，(i)の解釈しか出ない。日本人であれば，このことを知っている。しかし，なぜそのような解釈の違いが出るかを説明するのは難しい。事実，(1)や(2)の解釈について言語学的に説明するには，それなりの理論武装を必要とする（畠山ほか（2015）参照）。つまり，明示的知識といっても，そもそも母語話者も説明できない暗示的知識を明示的に示そうとしているため，その中身は原則，不十分で，場合によっては複雑な説明になってしまう。

 もう1つの落とし穴は，明示的知識は意識しないと使えない知識だということである。母語の場合は暗示的知識があるため，無意識に使える。しかし，明示的知識は意識しないと使えないので，すぐに使えるようにはならない。たとえば，三人称単数のsは「主語が三人称，単数，そして時制が現在の場合に動詞に -(e)s をつける」と明確に述べることができる単純なルールである。しかし，三人称単数のsが実際に使えるようになるのはかなり後であることが，数多くの研究でわかっている（白畑（2004）など参照）。英語の上級者でも話すときには結構，三人称単数のsを落としているのである。

 以上のことをまとめると，次のようになる。

(3) a. **母語話者のもつ暗示的知識を明示的に示すことは難しい。**

  b. **比較的はっきり述べられる明示的知識であっても，すぐに使えるようにはならない。**

2 意味に焦点を当てる ―情報レベルでの項と付加詞の区別―

スピーキングは音読でもなければ原稿を用意して行うスピーチでもない。あくまでコミュニケーションである。コミュニケーションとは言いたいことを伝えることであるが，外国語を話す場合には大きな壁がある。それは，母語と違って外国語の知識（とくに文法）は**明示的知識であり，意識しないと使えない**ということである。そのため，「過去形には -ed をつけるが，動詞によっては不規則変化にする」ということを気にすると，伝えるべき内容に集中できなくなる。逆に，内容に集中すると，文法的な正確さに気をつけるゆとりがなくなる。両者はあちらを立てればこちらが立たないトレードオフの関係にある。

もちろん，文法などをほとんど無意識に使えるくらいにすればいいのだが，このような自動化にはそれなりの練習量が必要である。そのため，まずは簡単に言えるように**情報の棲み分け**を行うことが有効である。

(4) 人は人生でさまざまな人と出会い，彼らからいろんなことを学ぶ。

　　a. We *meet various kinds of people* <u>in our lives</u>, and **learn many things** <u>from them</u>.

　　b. We *meet various kinds of people*, and **learn many things**.

　　c. We **learn important lessons about life** *through different people*.

(4)の日本語の内容を英語にする場合，(4a)でももちろん問題はない。しかし，人に会うのは「生きている間 (in our lives)」であることや，「出会った人から (from them)」学ぶことは文脈から明らかである。そのため，(4a)の下線部は省略して(4b)のように言うことも可能である。さらに，情報の重要度から**欠かせない情報**と**オプション的な情報**を区別すると，(4c)のように言うこともできる。具体的には，ここでは「学ぶこと」がメインであり，「出会い」は学びのきっかけにすぎない。つまり，「学ぶこと」は欠かせない情報であり，「出会い」はオプション的な情報といえる。そのため，(4c)では，情報的にメインとなる「学ぶこと」の情報量を多くして文の中核にし，そのきっかけである「出会い」を前置詞句 (through different people) を使って補足的に述べている。その結果，(4c)はシンプルな構造 (SVO＋前置詞句) でありながら，(4)の日本語の内容を

一番的確に，しかもわかりやすく伝えている。

　このような区別は文の構造にもあてはまる。たとえば，生成文法の X' 理論ではどの言語にもあてはまる句構造が提案されているが，そこでは文の必須要素を「項（argument）」，付加的な要素を「付加詞（adjunct）」として区別している（Jackendoff（1977），畠山ほか（2017）など参照）。

(5) John put the book **on the desk** *in the morning*.
　　　　　項（必須要素） 付加詞（オプション）

　　a. *John <u>put the book</u> **on the desk**, and Bill <u>did so</u> **on the table**.

　　b. John <u>put the book</u> **on the desk** *in the morning*, and Bill <u>did so</u> *in the evening*.

(5)の2つの前置詞句（on the desk（机の上に）と in the morning（朝に））を比べてみよう。まず，the book（本）が置かれた場所を表す on the desk は動詞 put（置く）の必須要素（項）である。事実，on the desk を欠いた John put the book. は意味的に不完全な文となる。一方，時間を表す in the morning はなくても文として完結するため，付加的な要素（付加詞）である。このことは(5a, b)の対比からも明らかである。(5a, b)の2つ目の文（and の後の文）にある did so（そうした）は前の文の動詞句を指すが，必須要素を全部含むため，did so = put the book **on the desk** となる。そのため，(5a)の did so on the table = put the book **on the desk** on the table となり，意味的に矛盾を起こすためダメである。一方，(5b)がいいのは did so に in the morning が含まれないからである。そのため，(5b)の did so in the evening = put the book **on the desk** in the evening となり，意味的になんら矛盾は起こさない。

　このように，必須とオプションの区別を文レベルだけでなく，情報レベルでも考慮することで，情報処理がしやすい簡潔で的確な文を話すことができる。

まとめ　効果的なスピーキングを行うには，

　（1）明示的知識を知るだけでは，実際に使えるようにならないことを認識する。

　（2）コミュニケーション（情報伝達）を意識し，必須の情報とオプション的な情報の区別をして，簡潔で的確な文を話すようにする。

4.4 覚えたことを使うことの重要性
言語間の距離

> 学習者の母語と学習対象となる言語が似ていれば似ているほど，つまり距離が近ければ
> 近いほど，全体としては，学習しやすい。　　　　　　（白井恭弘『外国語学習の科学』p.2)

　母語の日本語の場合，日々の生活の中で日本語が使われ，大量のインプット
を浴びながら習得していく。この場合，大人から文法などの知識を教わること
なく，自然と日本語を身につける。これを「自然習得」という。自然習得の場
合は，言語を使いながら試行錯誤の末に知識を習得していくため，ボトムアッ
プ式である。これに対して，日本では生活の場で英語は使われず，基本的に学
校などの教室で英語を学習する。このような「教室習得」の場合は，通常，最
初に文法の知識を教わってから，その知識をもとに言語を使っていくため，ト
ップダウン式である。つまり，自然習得と教室習得では言語の習得の過程が逆
になる。しかも，第二言語習得理論で指摘されているように，教えたことがす
ぐに使えるようにはならない。本節では，言語間の違い（つまり，言語間の距
離）も考慮に入れたうえで，スピーキングにおいては文法などの知識を完璧に
覚えることに重点を置くのではなく，「覚えたことを使う」ことに重点を置く方
が重要であることを示す。

1　学習者に共通する習得順序 ―言語間の距離の影響―

　スペイン語とポルトガル語は語彙も文法も非常に似ているため，お互いの言
語をまったく知らなくても，なんとかコミュニケーションをとることが可能で
ある。このように，母語と外国語の間の「距離」が近い場合は，第二言語とし
て学習するのも容易となる。逆にいえば，言語間の距離が遠いほど，学習は困
難になる。たとえば，日本語は英語と同じインド・ヨーロッパ語族に属さない
ことからもわかるように，両者の距離は遠い（つまり，似ている言語ではない）。
そのため，日本人が英語を学習する場合も，英語の母語話者が日本語を学習す
る場合も，ともに困難となる。ちなみに，米国の国防総省外国語学校の2002年
の資料では，米国人にとっての外国語学習の難易レベルは表1のようになって
いる。

≪表1：米国人にとっての外国語学習の難易レベル（カテゴリー4が最難度）≫

カテゴリー4（難易度が高い）	アラビア語，中国語，日本語，韓国語
カテゴリー3	ギリシャ語，ポーランド語，ロシア語 など
カテゴリー2	ドイツ語，ルーマニア語
カテゴリー1（難易度が低い）	フランス語，イタリア語，スペイン語 など

　このような言語間の距離は，第二言語の文法学習にも影響がある。まず，第二言語学習の文法項目に関しては，すべての学習者に共通する習得順序があるとされている（次の表2はKrashen（1981）の研究をまとめたものである）。

≪表2：第二言語学習における英語の文法項目の習得順序≫

第1段階	進行形（-ing），複数形（-s），be動詞
第2段階	助動詞，冠詞（a / the）
第3段階	不規則動詞の過去形
第4段階	規則動詞の過去形，三人称単数現在の-s，所有の-s

しかし，白畑（2004）では，日本人の英語学習者は表2とは異なる習得順序を示すことが報告されている。

≪表3：日本人英語学習者の文法項目の習得順序≫

習得が早い（1〜3位）	be動詞，進行形（-ing），所有の-s
（4〜7位）	助動詞，複数形（-s），不規則動詞の過去形，不定冠詞（a）
習得が遅い（8〜10位）	三人称単数現在の-s，規則動詞の過去形，冠詞（the）

表2（第二言語学習）と表3（日本人の英語学習）を比較すると，日本人英語学習者の場合，複数形の-sと冠詞の習得が遅い。これは，日本語には複数形を表す-sのような形態や冠詞がないことを考えると自然な結果だと思われる。このように，言語間の違いが習得順序に影響を与えることから，言語間の距離が学習の困難さにつながっているといえる。

　以上のことをまとめると，次のようになる。

(1) a. **言語間の距離の大きさが学習の困難さにつながる。**

　　b. **母語にない文法項目は，たとえ早く教わり，知識として知ったところで，すぐに使えるようにはならない。**

2　「覚える」ことよりも「覚えたことを使う」―言語間の「ねじれ」―

　言語は常にルールで割りきれるわけではない。たとえば、(2)では複数の人数を表す our（私たちの）の後にくる名詞が複数形になるかどうかを表している。

(2) a. We stubbed *our* toe**s**.　　[**複数形**]
　　 b. We held *our* breath(**s**).　[**単数形と複数形でゆれる**]
　　 c. We took *our* time.　　　[**単数形**]

(2a)では、our の後で複数形の toes（つまさき）が使われているが、(2b)の breath（息）の場合は複数形の breaths にするかどうかで、ネイティブの間で判断がゆれる（池上 (2007)）。一方で、(2c)の抽象的な不可算名詞である time（時間）の場合は our の後でも単数形で使われることから、複数形にするかどうかの基準はあるといえる。しかし、(2b)の breath のように判断がゆれるものもあることから、言語は必ずしもルールで割りきれるものではないといえる。また、このような「曖昧性を容認できる」ことが外国語学習の成功に結びつくという研究報告もある。

　英語の母語話者の習得過程についていうと、一般的に2歳過ぎになる頃までは、すべての名詞を＜不可算＞であるかのように扱う。つまり、常に名詞を「無冠詞の単数形」のまま使う。そして、実際に大人のように可算と不可算の区別ができるのは8歳以降であるとされる。冠詞は日本人にとって習得が難しい文法項目であるとされているが、それは英語の母語話者にとっても同じことなのである。英語の母語話者が(3)のように文脈に応じて同じ名詞を可算と不可算に区別できるのは、小さい頃から何万回とこのような区別をやっているからにほかならない。

(3) a. John threw **a stone** at the dog.　[**可算**]（石を投げた）
　　 b. The house is made of **stone**.　　[**不可算**]（石でつくられている）

このように、英語の母語話者も冠詞や複数形の -s がすぐに使えるようになったわけではない。言い換えれば、冠詞や複数形の -s などは、第二言語として英語を学習する場合も徐々に学習すべき項目であり、とくにスピーキングにおいて

は過度に気にする必要はない。

　さらに，上述した「言語間の距離」が遠ければ遠いほど，言語で使われる形式の違いも大きくなる。たとえば，英語では，聞き手も知っている「旧情報」を表す名詞には the をつけ，聞き手は知らない「新情報」を表す名詞には a をつける。日本語には冠詞はないが，旧情報と新情報の区別は「は」と「が」を使って表すことができる。

(4) a. Yesterday **a man** visited me. **The man** was American.
　　　　[新情報]　　　　　　　　　　　　　　　　[旧情報]
　　 b. 昨日，一人の**男が**訪ねてきた。その**男は**米国人だった。

また，英語の any は通常，肯定文では使われず，否定文や比較文などで使われるが，この any と同じ特性を示すのは，日本語では「なんか」になる。事実，(5a)のような肯定文では any も「なんか」も使えないが，(5b)の否定文や(5c)の比較文では any と「なんか」がともに使われる（畠山ほか（2015）参照）。

(5) a. *John ate **any** apples.　　　　　[肯定文]
　　　 *太郎はリンゴ**なんか**食べた。
　　 b. John does <u>not</u> eat **any** apples.　[否定文]
　　　 太郎はリンゴ**なんか**食べ<u>ない</u>。
　　 c. John is taller <u>than</u> **anyone** else. [比較文]
　　　 太郎は次郎**なんか**<u>より</u>背が低い。

とくに，英語と日本語のような言語間の距離が遠い言語では，たとえ「旧情報／新情報」のような共通の意味を表していても，異なった形式が使われる「ねじれ現象」が起こりやすい。このような形式の違いも，文法の習得をより困難なものにしているのである。

まとめ　スピーキングの向上には，

(1)「言語間の距離」が遠い場合は，習得も難しいことをまず認識する。

(2) 言語は必ずしもルールで割りきれず，言語間で使われる形式が異なることも多いため，「覚える」ことより「覚えたことを使う」方に重点を置く。

4.5 スピーキングの効果的な学習
プロトタイプ

> （第二言語の学習においては）子どもも成人も正式に教わることや誤りへのフィードバックが全くなくても言語をずいぶんと習得できる一方で，訂正フィードバックや指導なしでは，ある種の非文法的な形式を何年も使い続ける。
> （パッツィ・M・ライトバウン，ニーナ・スパダ『言語はどのように学ばれるか』p.218）

　米国のメジャーリーグでは，近年，「フライ革命」が起こっている。これまでのバッティングの常識は「ゴロを転がせ」というものであった。しかし，最近の研究ではゴロよりもフライの方がヒットになる確率が統計的にも高いと立証され，この新常識を積極的に導入したヒューストン・アストロズは 2017 年に球団初のワールドチャンピオンになっている。このように，これまでの常識が覆されることはスポーツに限ったことではない。たとえば，医学に関しても「医学の常識ホント？ ウソ？」のような TV 番組があるが，これは医学の定説が間違っている可能性があることを示している。同様に，第二言語学習の場合も文法学習がどの程度効果があるのか，どのように学べば効果があるのかといったことは，はっきりわかっていないのが現状である。このことを踏まえ，本節ではスピーキングにおける効果的な学習について考察していく。

1　スピーキングと習得過程 ―再構成と否定フィードバック―

　言語の習得は「線的」に発達していくものではない。間違いを繰り返しながら，紆余曲折を経て正しい知識を身につけていく。たとえば，疑問文の習得過程において，"What's that?" や "How do you say it in English?" などの正しい疑問文を使う学習者が，その後の段階で "What *you're* doing?" といった誤った疑問文を使うことがある（正確には "What *are you* doing?"）。このように，言語習得は覚えた規則の積み重ねではなく，間違いを正しい形に再構成する過程を繰り返し，規則やパターンを身につけるプロセスである。

　その一方で，誤りを訂正する「否定フィードバック」は短期的には効果があったとしても，必ずしも長期的な効果があるとは限らない。

(1) John *often* **drinks** coffee. / *John **drinks** *often* coffee.　　　　[**英語**]

(2) *Jean *souvent* **boit** son café. / Jean **boit** *souvent* son café. [**フランス語**]

(1)のように，英語では副詞 often（しばしば）が動詞 drink の前に置かれ，動詞の後ろには置かれない。一方，対応する(2)のフランス語では，英語とは逆に副詞 souvent（often）が動詞 boit（drink）の前ではなく後ろに置かれる。つまり，フランス人の英語学習者は「英語ではフランス語とは異なり，動詞の後ろに副詞が置かれない」ことを学習する必要がある。この英語の副詞の位置を明示的に教え，間違えた場合には訂正をしたフランス人学習者グループの調査において，訂正した直後は正しく言える（書ける）が，時間が経つとまた同じ誤りを繰り返すことが報告されている（白畑（2004）参照）。

　一方で，第二言語学習においては，否定フィードバックや指導なしでは，非文法的な形式を使い続けてしまうという問題もある。このようなジレンマを考慮に入れると，否定フィードバックを中心とする学習よりも，よく使われる典型例を中心とした学習の方が効果的であると思われる。

(3) a. She **broke** *a cup*.（カップを割った）
　　b. She **broke** {*a record* / *a tradition*}.（記録を破った／伝統を壊した）

(3)のように，英語の break はいろいろな文脈で使われる。英語の break に相当するオランダ語の breken も(3)のような使われ方をするが，オランダ人の英語学習者の多くは，(3a)は OK だが，(3b)は「言えない」と答える。(3a)のような物理的な破壊が break の用法の中でもよく使われることから，第二言語学習者は典型例を中心に学習していくことがわかる。このことからも，よく使われる典型例を中心にインプットを増やしながら用法を拡大していくことは，否定フィードバックを不要にするという点でも，効果的な学習の1つといえる。

(4) a. **言語習得は，間違いを正しい形に訂正（つまり，「再構成」）することを繰り返して，規則やパターンを身につけるプロセスである。**
　　b. **典型例を中心に用法を拡大する学習が効果的といえる。**

2　**典型例を中心とした学習 ―プロトタイプを中心に用法や規則を捉える―**

　日常的なことばはほとんどの場合，厳格な定義をもっているわけではない。たとえば，「どんぶり」の意味を考えた場合，はっきりとこれはどんぶりといえるものもあれば，これはどちらかというと皿かもというグレーゾーンもある。また，広辞苑では「どんぶり」は「深い厚手の陶製の鉢」と定義されているが，紙でできた簡易的などんぶりもあれば，大きめのコップをどんぶり代わりに使うこともある。このような観点からすると，「どんぶり」の意味を理解しているというのは，典型的などんぶりとグレーゾーンの微妙などんぶりを的確に区別し判断できるということである。つまり，典型例（プロトタイプ（prototype））がわかっていることになる。

　この「プロトタイプ」の考え方は第二言語学習においてもヒントになる。進行形を例にとってみてみよう。

(5)　a. He *drinks* tea.（普段お茶を飲む）/ He *is drinking* tea.（お茶を飲んでいる）

　　b. She {*lives*/ *is living*} in Nagano.（長野に住んでいる）

(5a)にあるように，drink（飲む）のような動作を表す動作動詞の場合，現在形（drinks）は「普段の習慣」を表すが，現在進行形（is drinking）は「今やっている」ことを表す。このように現在形と明確な意味の違いが出ることからも，進行形は通常，動作動詞に対して使われる。事実，know（知っている）のような状態を表す状態動詞は進行形にしない（例：*I'm *knowing* him well.）。しかし，(5b)にあるように，状態動詞の live（住んでいる）が現在進行形で使われることがある。この場合，現在進行形の is living を使うと「一時的に住んでいる」というニュアンスが出るが，現在形の lives でも基本的な意味は変わらないため，あえて状態動詞を進行形にする必要はないといえる。よって，進行形のプロトタイプである動作動詞の進行形を中心に使いながら，「一時性を表す状態動詞も進行形で使われる」といった規則を学習するのが効果的である。

　また，瞬時に処理するスピードが求められるスピーキングにおいては，どのような文法規則を知っているかということ以上に，どのような文法規則は知らなくてもいいかが重要になる。この点に関しても，プロトタイプという考え方

は有効である。具体的には，意味などに明確に違いが出る文法規則はプロトタイプであり，微妙なニュアンスの差しか出ないのはグレーゾーンの文法規則であるといえる。たとえば，完了形と完了進行形はともに「継続」の意味を表すことができるが，常に両方が使えるわけではない。

(6) a. They {**have played** / **have been playing**} golf *since they were teenagers*.
  （彼らは 10 代の頃からゴルフを続けている。）
  b. They {****have played** / **have been playing**} golf *since 8:00 A. M.*
  （彼らは 8 時からずっとゴルフをしている。）

(6a)は「10 代の頃からゴルフを続けている」ことを表すが，このように一定期間繰り返される習慣的な継続に対しては，現在完了形（have played）と現在完了進行形（have been playing）のどちらも使える。しかし，(6b)の「8 時からずっとゴルフをしている」のように，ある行為を休みなく継続することを表す場合には現在完了形は使えず，現在完了進行形を使う必要がある。つまり，**完了形は習慣的な継続には使えるが，行為の継続には使えない**という規則がある。

　上の対比をプロトタイプの点から捉えると，(6b)のように明確に違いが出る例こそが重要であり，(6a)のように微妙な違いしか出ない例は重要視されるものではない。事実，柏野（2012）の調査では，(6a)に関して複数のネイティブに尋ねたところ，「現在完了形（have played）を用いた方が普通であるが，両者にはあまり違いがない」という回答を得たことが報告されている。このような英語の母語話者でも判断が微妙な例の使い分けなどは，あえて知る必要はなく，たとえ知識として知っていたとしても，使い分けにこだわる必要もない。とくに，スピードが求められるスピーキングでは，プロトタイプという点から覚えるべき文法規則を絞って学習していくことが重要と考えられる。

まとめ　スピーキングにおける学習は，

(1) 間違いを正しい形に再構成することを繰り返して，規則やパターンを身につけるプロセスである。
(2) スピードが求められるため，プロトタイプの例を中心とした学習が効果的であり，グレーゾーンの用法や規則は使いながら覚えていく。

4.6 英語らしい発音
マグネット効果

> 母国語で使われない音は，母国語内のいずれかの発音に引き込まれてしまいます。これを「マグネット効果」と呼びます。
>
> (池谷裕二『怖いくらい通じるカタカナ英語の法則』p.176)

コミュニケーションの目的は伝えることであって，上手な英語を話すことではない。日本人がみんな，アナウンサーのようなきれいな発音で日本語を話しているわけではないし，その必要もない。事実，上手な日本語を話さなくても日々のコミュニケーションは問題なく行われている。繰り返しになるが，コミュニケーションは伝えることが目的である。このような明白な事実が，いざ英語となると忘れ去られ，発音のうまさだけが強調される。「日本人はlとrの発音の区別ができない」ということが，いまだに日本人の関心事である。一方で，英語にもイギリス英語やアメリカ英語などの違いがあるから，そもそも正しい発音は必要ではないといった議論もある。そのような議論には感情論的な部分も否めない。日本語には数多くの方言があるが，やはり標準語を習うのが普通であり，多くの人が使っているという意味で「正しい」発音を習うことは重要である。本節では，理論的な側面からスピーキングにおける発音について考える。

1 スピーキングにおける発音とは？ ―まずは「近似値」の発音を使う―

なぜ，日本人はlとrの発音の区別ができないのかというと，「日本語にはlとrの発音の区別がない」からである。非常に単純な話で，区別がないから区別しないのである。しかも，母語習得の観点からすると，日本語にlとrの発音の区別がないことが重要となる。というのも，日本で育つ子どもにとっては日本語を身につけることこそが最大のミッションであるため，「日本語にはlとrの区別がない」ことを学ぶ必要があるからである。つまり，「区別がない」ことが自然であって，それを「区別できない」という能力の問題にすることにこそ問題がある。

英語のlとrの発音は日本語では区別されないため，それに近い音である日

本語の「ラ行」で処理される。このように，母語で使われない音は母語のいずれかの音に引き込まれる。この現象は「マグネット効果」とよばれるが，日本語だけではなく，多くの言語で観察される。以下に例をあげる（川原（2015）など参照）。

(1) a. 英語にもフランス語にも [tl] で始まる単語はないため，ヘブライ語の [tl] で始まる単語を米国人やフランス人は [kl] と捉えてしまう。
   b. 韓国語では [z] の発音がうまくできず [j] の音になってしまう。そのため，「座布団（ざぶとん）」が「じゃぶとん」のように発音される。

このように，どの言語も母語の音を使うのが基本である。しかし，一方でどの言語も独自の音をもっている。よって，発音という点からすると外国語を習うことは，(2)のようにいえる。

(2) 母語にない音を母語の音を使って表す。

もちろん，発音指導や発音練習により，外国語の音をマスターできる場合もあるし，実際に英語をネイティブのように発音できる人もいるが，それはあくまで発音のうまさに関する程度の問題である。うまい人もいればそうでない人もいるといった個人差が出る。また，臨界期という観点から年齢が低いほど発音がうまくなると指摘する研究もある。しかし，(2)はそのような個人差や年齢には関係のない原則であり，どの人も母語の音から逃れられない。言い換えれば，無意識に使う音は母語の音なのである。

スピーキングの場合，舌の位置などを気にしながら発音していては，そもそも会話が成り立たない。そのため，外国語の音を無意識に出せるようになる必要があるが，それには何度も繰り返し訓練するしかない。つまり，完璧に発音できるようになってからしゃべるのでは，いつまで経ってもしゃべれないことになる。このことからも，まずは無意識に使える母語の音を「近似値」として使っていくというのは自然なことであり，それが最善のやり方といえる。

(3) **まずは無意識に使える母語の音を「近似値」として使うのは自然なことである。**

そのうえで，外国語の音に可能な限り近づけるように努力していくことは大切である。次項では，この点について考察する。

2   英語は「発声技巧の言語」─英語には豊富な発音がある─

　生成文法の言語モデルでは，発声にかかわるスピーキングは「感覚運動系（sensorimotor system）」である。つまり，自転車に乗るといった運動系と同じ能力であるため，訓練次第では発音がうまくなる可能性がある。さらに，英語は豊富な発音数がある言語であり，日本語では使わないような音まで利用している。そのため，英語は「発声技巧の言語」といわれる（池谷（2016）参照）。言い換えれば，聞き分けるのは無理でも，発音の技術さえマスターすれば英語の発音がうまく身につけられる可能性がある。

　まず，総論として，以下の2点をおさえる必要がある。

(4) a. 英語は「イントネーション言語」である。
　　b. 英語は子音の連続を許す。

まず，(4a)であるが，世界の言語は音的な特徴という点で大きく3つに分類される。中国語のような「声調（tone）言語」と日本語のような「ピッチ（pitch）言語」，そして英語のような「イントネーション（intonation）言語」である。ここで重要なのは，**日本語と英語では音的な特徴が異なる**ことである。簡単にいうと，日本語とは異なり，英語には強弱のリズムがある。このリズム感の違いは歌を比較すればよくわかる。

(5) | メ | リー | さん | の | ひ | つ | じ |

　　Ma　–ry　had　a　lit　-tle　lamb

(5)は「メリーさんのひつじ」の一節であるが，日本語は基本的に一文字が一音符に対応するのに対して，英語は子音と母音の塊（音節）に対応するため，歌える文字数が多くなる。これは，英語が強弱リズムであることにより，日本語よりもスピーディーになるからである。そのため，Mary had a little lamb を「メリーさんは小さなひつじを飼っている」と直訳したのでは音符の数に合わないので，「メリーさんのひつじ」という意訳で対応している。英語は強弱というリズムで発音されることを意識づけすることが重要である。

　次に(4b)であるが，世界のどの言語も「子音（Consonant）＋母音（Vowel）」の

CV 構造をもつ。しかし，子音が連続するかどうかは言語で差が出る。日本語は原則 CV であるが，英語は **str**ike のように子音が連続する（CC になる）ことや，cu<u>t</u> のように子音で終わることが可能である。このことは，日本語をローマ字表記にすればよくわかる。たとえば，「木村拓哉」は Kimura Takuya となるが，どれも子音の後には母音がくる CV 構造になっている。とくに注意すべきは，**日本語には子音だけを表す文字がない**ということである（「ん（n）」は除く）。

(6)

き	む	ら	た	く	や
Ki	mu	ra	Ta	ku	ya

(6)にあるように，日本語は CV で 1 文字になる。このことからも，日本語の母語話者は子音だけの音にまったく慣れていないことがわかる。そのため，英語の発音においては，とくに子音の発音に慣れることが大事である。

　総論の(4)をおさえたうえで，後は各論となるが，これは英語特有の発音に関する技術指導になる。この点については，個人差やモチベーションの問題も絡むが，1 項でみた「マグネット効果」により母語の音を使うのは自然であるため，まずはどのように母語の発音と違うのかを意識させることが重要となる。たとえば，日本語の「ふ」の音は唇を丸めて出す音のため，英語の摩擦音の f よりもずっと弱い。そのため，英語の母語話者は「ふ」の音が正しく聞こえず，「ふじさん（**f**ujisan）」が「うじさん（**u**jisan）」に聞こえることがある。このような違いを意識させた後に，f 音の出し方を指導する方が，単に技術指導になるよりも納得して練習する可能性が高く，効果的と思われる。

　また，英語には特有の音変化がある。たとえば，want to は wanna と発音されたりする。リスニングの場合はこのような変化も知っておく必要があるが，スピーキングの場合は wanna と言わなくても want to で通じる。音という点ではスピーキングはリスニングよりも簡単なのである。

まとめ 英語らしい発音にするには，

(1) まずは，無意識に使える母語の音を「近似値」として使っていく。
(2) そのうえで，「イントネーション言語」のリズムを身につける。
(3) さらに，子音を意識し，英語特有の発音に慣れる。

4.7 シンプルかつ的確な伝え方
リプロセシング

> 言葉を用いる時に「規則に従っている」という場合には,例えば我々が交通規則に従うという場合と大きく異なる特徴がある。それは,一体どんな規則に従っているのか,はっきりと意識できないということである。　(阿部　潤『生成文法理論の哲学的意義』p.49)

英語（というか外国語）の学習におけるスタートとゴールは,次のようになるだろう。まず,ゴール（つまり英語学習の目標）は,「ネイティブのように英語を使う」である。では,「ネイティブのように使う」の中身はというと,(ほとんど苦もなく)無意識に,状況に合わせて適切に使うということである。これが目標であり理想といえる。しかし,母語（私たちでいうと「日本語」）は無意識に,適切に使えるのに,英語（外国語）はそのように使えない。この明確な現実がスタートになる。つまり,英語学習は「ネイティブのように英語を使う」という理想と「ネイティブのように英語を使えない」という現実のギャップを埋める作業にほかならない。しかし,どのようにギャップを埋めるかという how の部分がはっきりしない。いろんな人がいろんな見解を述べるのも,この how の部分（つまり「どのように」）に関してである。本節では,スピーキングの how について考える。

1　効果的なスピーキングとは？ ―スピーキングの「仕方」を学ぶ―

Krashen (1981) は言語習得にはインプット（聞くこと／読むこと）が必要であるという「インプット仮説 (input hypothesis)」を提案した。この仮説に対して,アウトプットも必要ではないかといった反論はあるものの,「インプットがなければ言語は習得できない」という点に反論するものはいない。つまり,以下のことがいえる。

(1) スピーキングを習得するためにはインプットが欠かせない。

しかも,大量のインプットが必要である。Pinker (1995) は,「なぜ赤ちゃんはしゃべりながら生まれてこないのか」という疑問を取り上げているが,その理由として「3年くらいのインプットが欠かせない」ことを指摘している。

こういうと,「中高と 6 年間も英語を勉強してるのに英語が話せない」という反論をよく聞く。しかし,毎日 2 時間欠かさずに 60 年間やって 5 年やったことになる。日本のように,英語を普段使わないで,学校の授業のときだけ英語を学習している環境では,圧倒的にインプットの量が足りない。まず,このことを自覚する必要がある。

このインプットの少なさ以上に深刻なのは,普段,英語を話さないことである。英語のスピーキング力をつけるもっとも効果的な方法は,英語を話すことである。というより,話さないでスピーキング力をつけることはできない。一度も泳がずに泳ぎがうまくなることがないのと同じである。つまり,日本におけるスピーキングには次の重大な問題がある。

(2) 話す機会が少ない中で,どのようにスピーキングを習得するのか。

このような「インプットおよび話す機会の少なさ」という問題に対する一番現実的な対処方法は「スピーキングの方法論」を学ぶことである。まず,スピーキングの利点は何かというと,こちらの土俵で戦えるということである。リスニングの場合は,相手が発信することを理解する必要があるため,相手が自分の知らない単語や表現を使ってくる場合もある。つまり,リスニングは相手の土俵に上がって戦わないといけない。これに対して,スピーキングは自分が知ってる単語や表現を使えばいいので,非常に有利である。この有利さを理解していない場合が多いから,「単語力がないし,文法がよくわかってないから,英語が出てこない」というようなことになる。知ってる単語と文法を使えばいいのである。たとえば,「焦らず,ゆっくりやってください」と言いたい場合,"Take time."(時間とって。)や "Don't worry, I can wait."(心配ないよ,待てるから。)のように,簡単な単語と表現を使えばいい。

(3) **スピーキングは,知ってる単語と文法を使えばいい。**

このようなスピーキングの方法論を学ぶ利点は,応用がきくことにある。どのような場面でも使えるテクニックだからである。次項では,この点について具体的にみていく。

2　伝えたい内容をつかむ ―日本語を再加工（リプロセシング）する―

　母語と外国語の大きな違いは，母語では直観がきくということである。母語の場合，たとえ習っていなくても文法性を判断できる。

(4)　a. 太郎が部屋 {から／を} 出た。
　　 b. 煙が煙突 {から／*を} 出た。

(4a)は「から」と「を」の両方が使えるが，(4b)は「から」しか使えない。このことは，日本人（大人）であれば誰でもわかるが，なぜそうなのかという理由を説明することは難しい。母語の場合は説明できなくてもわかるのである。これは「ウィトゲンシュタインのパラドックス」とよばれる。このような言語直観を外国語でも習得できるのかは，わかっていない。次の例をみてみよう。

(5)　That {tall/*high} building blocks the lights.

(5)では tall は使えても high は使えない。(5)は「そのビルが太陽を遮っている」という意味であるため，「ビル全体の高さ」を述べている。このように，下から上まで全体を捉えて「高い」という場合には tall を使う。一方，high は上だけをみて「高い」という場合に使うが，このような使い分けに関する直観を英語の母語話者はもっている。興味深いことに，(5)のような tall/high の使い分けについて，英国で修士号を取った院生に聞いてみたところ，英語の母語話者とは異なる基準で使い分けをしていることがわかった。つまり，**英語に多く触れていても，母語話者と同じ直観をもつようになるとは限らない**といえる。これは，学習者は外国語の学習段階で自分なりのルールをつくり上げているという「**中間言語（interlanguage）**」仮説の一例といえる。また，母語習得の場合でも，子どもは過剰一般化などにより大人とは異なるルールをつくり上げるが，徐々に母語の文法や規則を習得していくことが報告されている（畠山 (2013) など参照）。これらのことからも，最初から正確さを過度に求める必要はないことがわかる。

　スピーキングの場合，最初は言いたいことの2割くらいしか英語で言えないのが当たり前である。実践を通して，言いたいことを英語で自在に言えるとい

う理想に近づけていけばいい。とくに，時間の制約がある実践的なスピーキングを習得するためには，完璧な正しい英語を話そうとするのではなく，自分の知っている単語や表現でも十分伝わる英語を話せる方法を学ぶことが大事になってくる。つまり，どういう英語を使うかではなく，**どう英語を使うか**がわかっている状態にしておくのである。

どう英語を使うかという方法論の1つにリプロセシングがある。簡単にいうと，英訳が可能な日本語にするという方法である。

(6) 彼女とケンカして意地を張ってしまっている。

    a. 私は彼女に「いいよ」というべきだが，そうしたくない。

       I should tell her "it's OK," but I don't want to.

    b. 私は彼女を許すためには少し時間が必要だ。

       I need some time to forgive her.

(6)はいわゆる和文英作ではなく，あくまで(6)の内容を英語で伝えるということである。(6a, b)の日本語がリプロセシングの例であるが，ポイントは発言の趣旨をつかむことである。そのため，(6)は(6a, b)のように「彼女に謝りたくない」ことに焦点を当てた英語にすることも可能である。さらに，リプロセシングの目的は英語にすることであるため，**英語の文法や構造を意識する**ようにもなる。たとえば，通常，日本語では主語は明示されないが，英語では原則として主語が必要である。そのため，(6)では「私は」という主語を立てながらリプロセシングをしている。

リプロセシングは同時通訳などでも使われているが，スピーキングの場合，通訳などの実際に英語を使っている分野の人たちの方が実践的なノウハウをもっているし，これを生かさない理由はない。どのような効果が得られたかを数値で測ることばかり考えるのではなく，現場の知恵に耳を傾けることも必要である。

まとめ シンプルかつ的確に英語を話すには，

(1) 自分の知っている単語と文法をフル活用する。

(2) 正確さに過度にこだわらず，リプロセシングを使って言いたいことをおさえる。

4.8 文を適切に用いるコツ
文法の有意味学習

> 大人の高い認知能力や分析能力を活用し，第二言語の規則を簡潔に，明示的に説明する方法が有効だと考える。その際に，母語と対照して教えることも大人の学習者には有効な手段だと思う。母語と第二言語間の類似点と相違点が浮き彫りにされて，特色がよく分かるからである。　　　　　　（白畑知彦『英語指導における効果的な誤り訂正』p.11）

　言語習得には記憶は欠かせない。たとえば，日本語の「本」は英語では book ということは覚えるしかない。この場合，「本」と book には何もつながりがないため丸暗記するしかない。これを「無意味学習」という。しかし，人は年をとるにつれ，記憶力が衰えるため，この無意味学習の力が落ちる。そのため，何かしらのつながりをつけて覚えることが効果的となる。その一例として，単語を語呂合わせやダジャレなどと絡めて覚えるやり方がある。たとえば，obey の発音は［oubei（オウベイ）］であり意味は「**従う**」であるが，この発音と意味を「**欧米（オウベイ）に従う**」というダジャレにして覚える方法がある。このように，自分の知っている知識と関連づけて覚える方法を「有意味学習」といい，心理学では効果的な記憶法とされている。本節では，この有意味学習はスピーキングにおいて文法を活用する場合にも有効であることをみていく。とくに，文法の形式だけをみるのではなく，その文法が表す意味やはたらきを理解することが重要であることを示す。

1 文を適切に用いるには？ ―文法が表す意味やはたらきを理解する―

　白畑（2015）では，日本人の英語学習者にとって，文法規則などの明示的な指導と誤り訂正が効果的である文法項目の特徴があげられている。それらの特徴を簡潔に述べると，次のようになる。なお，ここではとくに重要であると思われる2つの特徴を取り上げる。

(1) **明示的指導と誤り訂正が効果的である文法項目の特徴**
　　a. 形式ではなく意味の伝達が主となる。
　　b. その文法が表す意味やはたらきが理解しやすい。

このような明示的指導と誤り訂正が効果的である例の中に「進行形の -ing」が

ある。進行形の -ing は第二言語習得学習者にとっても，非常に容易に習得でき
ることが，1970 年代以降の多くの研究で明らかになっている。その理由の 1 つ
に，-ing が表す「動作の進行」という意味が容易に理解され「進行中の動作を
表す形式」として覚えやすいことがあげられる。このように，英語学習者にと
って理解しやすい意味を明示できる文法項目は習得が早い。

　これに対して，効果があまりないのが三人称単数の s である。この規則自体
は「主語が三人称単数で現在形のときに動詞に -(e)s をつける」といういたっ
てシンプルなものであるにもかかわらず，なかなかできるようにならない。そ
の理由として，三人称単数の s は文法的な表示であり，-(e)s をつけてもつけな
くても伝える意味は変わらないからである。このように，形式のみで意味をも
たず，さらに日本語（もしくは，母語）に類似するものがないため，その文法
が表すはたらきも理解しにくい文法項目は習得が遅い。

　文法の意味やはたらきをおさえることは，適切な発言をすることにもなる。
たとえば，受動文を「be 動詞＋過去分詞」という形だけでなく「目的語をトピ
ック（話題）にする」というはたらきとともに理解することで，受動文を適切
に使うことが可能となる。次の例をみてみよう。

(2) Look at *the window*. It **was broken** by Taro.（cf. **Taro* **broke** it.）

Look at *the window*.（窓をみて）と言っていることから the window が話題で
ある。この場合，その後に続く文では，話題となっている the window（＝It）
を主語にした受動文を使うのが文の流れとして自然である。このように，文法
の意味やはたらきをおさえることで，必然的に文を適切に使えるようになる。

　進行形にしても受動文にしてもより詳細な意味やはたらきがある。たとえば，
進行形は「動作の進行」だけでなく，未来を表す用法もある（例：**I'm meeting**
Mary *tomorrow*.（明日，メアリーに会う予定です））。しかし，未来は will や be
going to でも表すことができるため，スピーキングにおいては進行形が表す基
本的な意味やはたらきをまずおさえておけば十分である。

(3) a. **文法の意味やはたらきを知る有意味学習が効果的である。**
　　 b. **文法の意味やはたらきを知ることは，適切な発言をすることにもなる。**

2　文法を共通する意味から捉える —言語間で「共通するパーツ」—

　言語が違えば文法形式が異なる。たとえば，「完了」を表すのに日本語では動詞のタ形（例：（もう）書いた／みた）を使うが，英語では「have + 過去分詞（例：have written/seen）」の完了形を使う。しかし，使われる文法形式が異なるだけで，「完了」という意味は日英語で共通して理解される（言語間でみられる意味と形式の「ねじれ」については 4.4 節を参照）。このように，文法形式は違っても，文法が表す意味は言語間で共通していることが多い。

(4)　本を読ま— させ — られ — たく — なかっ — た。　　　（日本語）
　　　　　[使役] [受け身][願望]　[否定]　[過去]　　　[共通する意味]
　　　　made　to be　want　　not　　did　　（英語）
　　　(cf. I <u>did not want to be made</u> to read books.)

(4)にあるように，日英語で用いられる文法形式は異なるが，「使役」「受け身」「願望」「否定」「過去」といった意味は両言語に「共通するパーツ」である。

　上述したように，文法学習においても有意味学習が効果的であるため，言語間で共通する意味に基づいて文法を学習することは効果的である。「仮定法」を例にみてみよう。英語の仮定法は日本語にはない文法形式であるため，仮定法の形式（「If + { 過去形／過去完了形 }，would/could + { 原形／have + 過去分詞 } 」）を公式のように覚える方に注意がいきやすい。そのため，「if 節 = 仮定法」と捉えている学習者も多い。しかし，if 節がない仮定法は普通に使われる。

(5)　I **would not have succeeded** without your help.
　　　（君の助けがなかったら，うまくいかなかったよ。）

白畑（2015）は，英語の仮定法を現在完了形と to 不定詞とともに「形式よりもその表す概念を理解させることが重要な文法項目」としている。ここでいう「概念」とは「文法が表す意味」のことであるが，仮定法が表す意味を理解するためには，上述したように日英語に共通する意味という点から仮定法を捉えることが効果的である。まず，(5)のような例から，英語の仮定法の中核となるのはif 節ではなく，would のような（過去形の）助動詞であることがわかる。この

ことは，仮定法が表す基本的な意味が「話者の気持ち（願望など）」と「推量」
であることを考えると理解しやすい。

(6) a. *I wish* I **could** do that.（できたらなぁ）[**話者の気持ち**]
    b. I **wouldn't** say that.（言わないだろう）[**推量**]

(6a)ではI wish（私は願う）があることから，仮定法が話者の気持ちを表して
いることは明らかである。また，(6b)は主語に if 節の内容が含意され「<u>私なら
言わないだろう</u>」という推量の意味を表している。

　この「話者の気持ち」と「推量」という2つの意味は助動詞の中心的な意味
でもある。まず，助動詞はそもそも話者の心的態度（＝気持ち）を表す。たと
えば，(7)にあるように，will は「意志」を表し，may は「祈願」文で使われ，
must は why（なぜ）のような疑問文で使われると「遺憾の気持ち」を表す。ま
た，(8)にあるように，ほとんどの助動詞は推量の意味ももつ。

(7) a. I **will** drive you home.（家まで送るよ）
    b. **May** the new year be filled with peace.（平和でありますように）
    c. Why **must** you lie to me?（なんでウソつくの？）   [**話者の気持ち**]
(8) He {**must/will/would/can/may/might/could**} be hungry. [**推量**]

なお，(8)は可能性の度合いが違うだけで，どの助動詞を使っても「彼はお腹が
減っているだろう」という話者の推量を表す。

　以上のことから，**仮定法が表す意味にマッチするのが助動詞であるため，仮
定法では助動詞が使われる**ことがわかる。仮定法の形式は日英語で異なるが，
「話者の気持ち」と「推量」という共通するパーツは言語を越えて理解可能な意
味である。これらの意味と結びつけて英語の仮定法を学習することが効果的で
あり，かつ，仮定法の適切な使い方にもつながる。

まとめ　適切に文を用いるためには，

　　（1）文法の形式だけでなく意味やはたらきを知ることが必然的に適切な文の
　　　　使用につながる。
　　（2）言語間で共通する意味から文法を捉える。

4.9 円滑なコミュニケーションとは？
ポライトネス

> 「言われる」こと（what is 'said'）と「含意される」こと（what is 'implicated'）の間のミスマッチの多くがポライトネスの問題に帰すことができる。
> （ペネロピ・ブラウン，スティーヴン・C・レヴィンソン『ポライトネス』p.3）

「このような英語表現はネイティブには失礼に聞こえる」といった内容の本をみかけることがある。しかし，英語を普段使わない環境にいれば，何が「丁寧な表現」かを知ることが難しいのは当たり前である。もちろん，丁寧な表現を知っておくと「対人関係をおそれずに安心してコミュニケーションをとれる」という意図で書かれているのであろうが，中には「please は実は命令に聞こえる」とか「Thank you だけだと素っ気ない態度になってしまう」といったことが書かれている場合もある。これではむしろ「対人関係をおそれて安心してコミュニケーションがとれない」という逆効果にしかならない。日本語に関しても「日本人がよく間違う敬語」といった本が巷に溢れていることからもわかるように，母語話者でも丁寧な表現には苦労している。また，子どももすぐに敬語を使えるわけではなく，社会生活を通して敬語を徐々に学んでいく。本節では，丁寧な表現は徐々に学習していくという立場に立ったうえで，円滑なコミュニケーションについて考える。

1 丁寧な表現とは？ ─形式の正しさと慣用化─

(1a)のような主語と助動詞を倒置させる正式な疑問文の代わりに，(1b)のような文末を上げて発音する上昇調の疑問文を使うことも可能である。

(1) a. *Are you* going to the party? [**主語と助動詞の倒置を起こす疑問文**]
　　b. *You're* going to the party? [**文末を上げる上昇調の疑問文**]

しかし，白井（2012）では「教授に話すときはやや失礼になるから，ちゃんと正式な疑問文を使いなさい」と注意されたことが書かれている。このように，「丁寧な表現かどうか」は明示的に教えてもらうか，普段，英語を使う中で気づくしかない。そのような環境にない場合は，応用がきく知識が重要になる。そ

の 1 つが (1) の対比にもあるように，**正式な表現は丁寧な表現になる**ということである。この点は以下の対比からも支持される。

(2)　a.　Why are you painting your house purple?［**(i) と (ii) の 2 つの解釈**］
　　　　(i)　なぜ家を紫に塗るのか。(＝疑問文の解釈)
　　　　(ii)　なんで家を紫なんかに塗るのか。(＝とがめ文の解釈)
　　b.　Why paint your house purple?　　　　　　［**(ii) の解釈のみ**］

(2a) の疑問文には 2 つの解釈がある。家を紫に塗る理由を尋ねる解釈 (＝ (i))と家を紫に塗る行為をとがめる解釈 (＝ (ii)) である。これに対して，(2b) のように主語や助動詞を省略した疑問文は (ii) のとがめ文の解釈しか出ない。つまり，省略などをした「崩した文」は丁寧さを欠く。言い換えれば，文法に則った正式な文を使うことは丁寧さにつながるのである。この点は意外にもあまり意識されていないが重要である。

　さらに，慣用表現は円滑なコミュニケーションのための武器になる。慣用的になっているということは，その場で使われるのにふさわしい表現として地位を確立しているからであり，丁寧さ (ポライトネス) を考慮した表現でもある。

(3)　Pass the salt! ➡ Can you pass the salt? ⟹ ［**慣用化：依頼の解釈**］
　　　［**直接的な命令文**］　　　［**間接的だが形は疑問文**］

(3) にあるように，「塩を取ってほしい」という場合に命令文の Pass the salt. と言うと直接過ぎて失礼な言い方になってしまう。一方，Can you 〜？という疑問文を使って間接的にお願いすると，失礼さは消えるが「塩を取れるかどうか」を単に聞いている疑問文の解釈も可能な曖昧な言い方になってしまう。そのジレンマを埋めるのが慣用化であり，Can you pass the salt? は形は疑問文でも，「塩を取ってください」という依頼を表すことが定着している。また，命令形ではないため失礼さも出ない。このように，慣用表現には，円滑なコミュニケーションを可能にするという合理的な根拠がある。

(4)　a.　**文法に則った正式な文を使うことが丁寧さにつながる。**
　　b.　**慣用表現は円滑なコミュニケーションの武器になる。**

2 話者の気持ちを表すモダリティ ─助動詞を効果的に活用する─

　スピーキングは面と向かって（face-to-face）で行われるため，「目は口ほどに物を言う」ことになる。顔の表情やジェスチャーなど言語外（non-verbal）の要素をフル活用して円滑なコミュニケーションが行われる。また，ブラウン，レヴィンソン（2011）では，「それほど丁寧ではない表現もイントネーション次第でさほどぶっきらぼうに聞こえない」ことも指摘されている。このように，スピーキングにおいては「全身が武器」になる。これに対して，ライティングの場合は文字のみによるコミュニケーションであるため，必然的に言語形式のみで丁寧さを出す必要がある。この場合，話者の判断や気持ちなどの「モダリティ」を表す助動詞を効果的に使うことが円滑なコミュニケーションをとるうえで重要になってくる。同様に，スピーキングにおいても助動詞を効果的に使うことで，円滑なコミュニケーションが可能となる。以下では，この点についてみていく。まず，対人関係のコミュニケーションは大きく2つに分けられる。

(5) a. 相手の利益になる行為（勧誘など）[**ポジティブな行為**]
　　b. 相手の負担になる行為（依頼など）[**ネガティブな行為**]

(5a)の相手の利益になる（と話者が思っている）ポジティブな行為からみていく。(6)の「勧誘」の例をみてみよう。

(6)　You {**may** / **must**} have some of this cake.

まず，may の場合は許可を表すため，「ケーキを食べていい」という少し上から目線の言い方になる。一方，must の場合は「ぜひ召し上がれ」という強いおもてなしの気持ちが伝わる。しかも，「いやかもしれないが，そうしてもらうより方法がない」というちょっと謙遜気味のニュアンスにもなる。このように，相手の利益になる（と話者が思っている）ポジティブな行為の場合は，直接的に強く言うことが丁寧になる。

　次に，(5b)の相手の負担になるネガティブな行為をみていく。次の(7)は柏野（2002）の調査結果を表している。そこでは，依頼の場合にどの助動詞を使うのが適切かを 20 名のネイティブに調査している。

(7) a. ____ you do me a favor?

   b. Excuse me, but ____ you tell me the way to the station?

<下線に入る助動詞の調査結果>	will	would	can	could
(7a)：友人に対する依頼	13%	23%	20%	44%
(7b)：見知らぬ人に対する依頼	4%	14%	36%	46%

(7)の調査結果からわかることは，依頼の場合，will/would よりも can/could の方が好まれるということである。つまり，何かを依頼する場合，will より can を使った方が丁寧である。この理由は「断りやすさの違い」にある。具体的にいうと，will は意志を表すため，(7)で Will you ...? を使うと相手は「やってくれる意思があるか」を聞かれていることになり，依頼を断りにくくなる。一方，can は能力を表すため，(7)で Can you ...? を使うと相手は「やってあげたいけど，(状況的に) する能力がない」と依頼を断りやすくなるため丁寧である。このように，相手の負担になるネガティブな行為の場合は，間接的に控えめに言うことが丁寧になる。

　対人関係に正解はない。状況に応じて適切な表現を使う必要がある。しかし，丁寧さを捉えるための汎用性の高い原則はある。ここでみた(8)などはそのような汎用性の高い原則の1つである（畠山ほか（2017）など参照）。

(8) 相手の利益になる（と話者が思っている）ポジティブな行為の場合は，直接的に強く言うことが丁寧になるが，相手の負担になるネガティブな行為の場合は，間接的に控えめに言うことが丁寧になる。

また，(7)の調査結果にあるように，依頼の場合は基本的に Could you ...? を使えば間違いないといえる。このように，汎用性の高い原則や表現をおさえておくことが，円滑なコミュニケーションを行ううえで効果的である。

まとめ　円滑なコミュニケーションを行うには，

　　(1) 文法に則った正式な文や慣用表現を効果的に使う。
　　(2) 丁寧さを表す汎用性の高い原則や表現をおさえておく。

4.10 一歩進んだスピーキング

カテゴリー知覚

> 外国語に習熟することは，別の意味で，認識を変えるといってよい。一つの言語（つまり母語）しか知らないと，母語での世界の切り分け方が，世界中どこでも標準の普遍的なものだと思い込み，他の言語では，まったく別の切り分けをするのだ，ということに気づかない場合が多い。
> （今井むつみ『ことばと思考』p.222）

　日本の世界地図をみると，世界の真ん中に日本がある。この「当たり前」が実は当たり前ではないと気づくのは，海外の世界地図をみたときだ。フランスの世界地図の中心はフランスだし，マレーシアの世界地図の中心はマレーシアである。よく考えれば当たり前のことだが，日本の世界地図だけをみていると，その当たり前のことに気づけない。このように，自分の認識が世界の標準だと思い込むことは，言語にも当てはまる。以前，子どもから意外な質問を受けた。それは，「水はなぜ冷たいの？」という質問である。大人はこのような質問はしないだろう。いや，できないだろう。なぜなら，「水は冷たい」ということを当たり前だと思っているからである。しかも，この認識は世界標準でもない。たとえば，英語の water は「お湯」も意味する。事実，「お湯」のことを英語でhot water ともいうが，わざわざ hot（熱い）をつけるのは，water には温度は関係ないからである。本節では，上級のスピーキング力には，このような認識の変革が重要であることをみていく。

1　言語による世界の「切り分け方」をおさえる ―言語と認識―

　スピーキングにおいて，単語と文法を知ることは必要条件ではあるが十分条件にはならない。ことばを適切に使うためには，文化的な違いなども知っておく必要がある。たとえば，日本人はほめられたときに「いえいえ，とんでもない」と否定することで謙遜を表す傾向にある。しかし，これはほかの文化では奇妙に映る場合がある。たとえば，米国人はほめられたらそれを受け入れ，Thank you. というのが普通である。つまり，英語ではほめられた場合，否定せずに素直に受け入れる表現を使う。そのため，日本式に否定して答えると，逆に失礼な印象を与えてしまう。このような文化的な違いは教わらないとわからないが，少なくとも，自国の文化が世界標準という認識を変えることが重要で

ある。

　同じことが語のレベルにも当てはまる。単語を適切に使うためには，母語における世界の切り分け方ではなく，外国語における世界の切り分け方を知る必要がある。たとえば，日本語では「高さ」を表すのに「高い」という形容詞が使われるが，英語では high と tall の 2 つを使い分ける。

(1)　a. That **tall** building blocks the lights.
　　　b. The ceiling is very **high**.

まず，(1a)は「高いビルが光を遮っている」という意味であり，ビル全体が光を遮っていることを表している。つまり，ビルを下から上までみて「高い」といっている。このように「全体の高さ」をみている場合は tall が使われる。一方，(1b)は「天井が高い」という意味であるが，このように「高さ」だけをみている場合は high が使われる（事実，*tall ceiling という言い方はしない）。

　実際には，この high と tall の使い分けに関しては「明確に区別することは不可能ではないにしても困難だ」という指摘もある（瀬戸 (2017) など参照）。しかし，ここでのポイントは，日本語では「高い」だけでいえるところを英語では high と tall の 2 つに分けるということである。つまり，日本人からすれば「高い」は 1 つのカテゴリーであるが，英語では 2 つの別のカテゴリーからなると捉えている。言い換えれば，「高さ」というのは分けようと思えば複数のカテゴリーに分けられるのである。

　さらに，カテゴリーに分けるということは，中間のグレーゾーンはないということにもなる。たとえば，色の識別は程度の問題であって，「青」なのか「緑」なのかはっきりしないグレーゾーンが存在するが，言語では「青」と「緑」ははっきりと違うカテゴリーとして区別される。つまり，言語では「青」と「緑」の中間のグレーゾーンはみないで，両者を明確に区別する。このような区別を心理学では「カテゴリー知覚」というが，言語はとくにはっきりと境界をつくりカテゴリー分けをする。そして，そのカテゴリー分けは言語で異なると認識することが，スピーキングの質を高める際には重要となる。

(2)　a. **文化的な違いなども知ることで，適切な言い方が可能となる。**
　　　b. **母語と外国語では世界の「切り分け方」が異なるという認識が重要となる。**

2 「言語らしさ」をおさえる ―表現選択の背後にある発想―

　外国語の世界の切り分け方を意識的に理解することは，外国語の熟達にとって重要である。このことを単語レベルではなく文レベルにあてはめると，その言語が好む表現を理解するということになる。

(3)　この度，米国に留学することになりました。
- a. It**'s been decided** that I will study in America next year. [**受け身文**]
- b. I **have decided** to study in America next year.　　　　　[**能動文**]

(3)にあるように，日本語では自分の意志で決めたことでも，「留学すること<u>になった</u>」のように，自分の意志とは関係なく事態（＝留学する）が自然とそうなったという言い方をする。これは，日本語では話し手の意志をぼかすことによって丁寧な響きを与えようとするからである。しかし，そのまま直訳的に受け身文（It**'s been decided**）を使って英訳した(3a)は，丁寧さはまったくなく，自分の意志に関係なく留学することになってしまったという意味にとられてしまう。そのため，(3)の日本語の意図を正確に伝えるには，(3b)のように主語をIにした能動文（I **have decided**）を使って言う必要がある。つまり，日英語に関して以下のことがいえる。

(4)　日本語では話し手の意志をぼかす表現が好まれるが，英語では逆に話し手の意志を明確に出す表現が好まれる。

このように，言語によって好まれる表現に違いがあるため，その言語が好む表現を理解することが，スピーキングの質を高める際には重要となる。
　この点についてさらにみていこう。日英語では，自動詞の選択に関して違いがみられる。

(5)　a. 車内でマイクが**回ってきた**。
- b. A microphone **was passed** round inside the bus.

通常，マイクが自然にこちらに「回る（回ってくる）」ことはなく，誰かがマイクを「回す」ことでマイクを受け取る。しかし，(5a)では「回る」という自動

詞が使われ，あたかもマイクが自然にこちらにやってきたような言い方になっている。これは，日本語では事態の「結果」だけを述べる言い方が好まれ，意図的になされたかどうかという「原因」には関心がないためである。一方，英語では(5b)のように was passed という受け身形が使われる。この場合は動作主の by 句が省略されているだけで，「誰かがマイクを回した」ことが含意されている。つまり，日英語に関して以下のことがいえる。

(6) 意図的な行為に対して，日本語では「結果」だけを述べる自動詞表現が好まれるが，英語では受け身文を使い意図性があることを明確にする表現が好まれる。

　このような言語が好む表現を理解するためには，表現の背後にある「発想」を知ることが重要になる。とくに，意味論の分野ではこれまで英語(E)と日本語(J)を対比させ，「スル言語(E)とナル言語(J)」「人間中心(E)と状況中心(J)」「名詞中心のモノ指向(E)と動詞中心のコト指向(J)」のような言語間の発想の違いが指摘されている（池上 (1981)，吉川 (1995) など参照）。このような発想の違いを知っておくことは，一歩上の洗練されたスピーキング力を身につけるには有効である。
　また，日英語だけでなく，ほかの言語までみないとわからないこともある。

(7) a. ジョンは昨日財布を落とした。
　　b. John dropped his wallet yesterday.

(7)の日本語も英語もともに自然な文であり，「ジョンが財布をどこかに落として失くしてしまった」という意味を表す。しかし，インドネシア語で(7)をそのまま訳してしまうと，「John がわざと財布を落とした」という「変な文」になってしまう。日英語で同じくいえるからといって，それが必ずしも世界標準ではないのである。

まとめ　一歩進んだ洗練されたスピーキングをするには，

(1) 母語が世界標準という認識を変え，文化的な違いも知る。
(2) その言語が好む表現と，その表現の背後にある発想を知る。

参考文献

阿部　潤（2017）『生成文法理論の哲学的意義—言語の内在的・自然主義的アプローチ』，開拓社．

青木ゆか・ほしのゆみ（2014）『ずるいえいご』，日本経済新聞出版社．

ブラウン，ペネロピ・レヴィンソン，スティーヴン C.（著），田中典子（監訳）（2011）『ポライトネス—言語使用における，ある普遍現象』，研究社．

江川泰一郎（2017）『英文法解説』（改訂三版（第35刷）），金子書房．

藤井秀男（2015）『ダジャ単—必修2400語英単語記憶術の極意』（5版），エコール・セザム．

藤田斉之（2001）『英作文・英語論文に克つ!!—英語的発想への実践 アメリカ留学を成功させるために』，創英社．

畠山雄二（2004）『英語の構造と移動現象—生成理論とその科学性』，鳳書房．

畠山雄二（編）（2013）『書評から学ぶ 理論言語学の最先端（上・下）』，開拓社．

畠山雄二（編）（2016）『徹底比較 日本語文法と英文法』，くろしお出版．

畠山雄二（編）（2017）『最新 理論言語学用語事典』，朝倉書店．

畠山雄二（編）（2017）『理論言語学史』，開拓社．

畠山雄二（編）（2019）『正しく書いて読むための 英文法用語事典』，朝倉書店．

畠山雄二・本田謙介・田中江扶（2015）『日英比較構文研究』，開拓社．

池上嘉彦（1981）『「する」と「なる」の言語学—言語と文化のタイポロジーへの試論』，大修館書店．

池上嘉彦（2007）『日本語と日本語論』，ちくま学芸文庫．

池谷裕二（2016）『怖いくらい通じるカタカナ英語の法則—ネイティブも認めた画期的発音術』，講談社．

今井むつみ（2010）『ことばと思考』，岩波書店．

庵　功雄・高梨信乃・中西久実子・山田敏弘（2000）『初級を教える人のための日本語文法ハンドブック』，スリーエーネットワーク．

石原真弓（2007）『えいごアタマをつくる英会話ドリル』，アルク．

Jackendoff, R. (1977) *X-bar Syntax : A Study of Phrase Structure*, MIT Press.

カーネマン，ダニエル（著），村井章子（訳）（2014）『ファスト＆スロー』，早川書房．

柏野健次（2002）『英語助動詞の語法』，研究社．

柏野健次（2012）『英語語法詳解—英語語法学の確立へ向けて』，三省堂．

川原繁人（2015）『音とことばのふしぎな世界—メイド声から英語の達人まで』，岩波書店．

Krashen, S. (1981) *Second Language Acquisition and Second Language Learning*, Pergamon.

窪薗晴夫（1995）『語形成と音韻構造』，くろしお出版．

Kuhl, P. (1991) human adults and human infants show a 'perceptual magnet effect' for the prototypes of speech categories, monkeys do not, *Perception & Psychophysics*, **50**(2), 93-107.

ライトバウン，パッツィ M.・スパダ，ニーナ（著），白井恭弘・岡田雅子（訳）（2014）『言語はどのように学ばれるか—外国語学習・教育に生かす第二言語習得論』，岩波書店．

中島文雄（1980）『英語の構造（上）』，岩波書店．

西村義樹・野矢茂樹（2013）『言語学の教室—哲学者と学ぶ認知言語学』，中央公論新社．

Pinker, S. (1995) *The Language Instinct : How the Mind Creates Language*, Harper Perennial.（椋田直子（訳）（1995）『言語を生みだす本能（上下）』，NHKブックス）

澤田茂保（2016）『ことばの実際1—話しことばの構造』，研究社．

セイン，デイビット・古正佳緒里（2014）『ネイティブが教える ほんとうの英語の助動詞の使い方』，研究社．

瀬戸賢一（2017）『よくわかるメタファー—表現技法のしくみ』，ちくま学芸文庫．

白畑知彦（2015）『英語指導における効果的な誤り訂正—第二言語習得研究の見地から』，大修館書店．

白畑知彦（編），若林茂則・須田孝司（2004）『英語習得の「常識」「非常識」—第二言語習得研究からの検証』，大修館書店．

白井恭弘（2008）『外国語学習の科学—第二言語習得論とは何か』，岩波書店．

白井恭弘（2012）『英語教師のための第二言語習得論入門』，大修館書店．

白井恭弘（2013）『英語はもっと科学的に学習しよう』，中経出版．

鈴木孝夫（1973）『ことばと文化』，岩波書店．

田村智子（2010）『同時通訳が頭の中で一瞬でやっている英語術リプロセシング』，三修社．

田中江扶・本田謙介・畠山雄二（2018）『ネイティブ英文法 1 時制と相』，朝倉書店．

綿貫　陽・ピーターセン，マーク（2014）『表現のための実践ロイヤル英文法』，旺文社．

吉川千鶴子（1995）『日英比較 動詞の文法—発想の違いから見た日本語と英語の構造』，くろしお出版．

索　　引

【編集者紹介】

畠山雄二（はたけやま・ゆうじ）
1966年静岡県生まれ。東北大学大学院情報科学研究科博士課程修了。博士（情報科学）。現在，東京農工大学准教授。専門は理論言語学。

　著書（単著）に『情報科学のための自然言語学入門：ことばで探る脳のしくみ』（丸善出版），『ことばを科学する：理論言語学の基礎講義』（鳳書房），『情報科学のための理論言語学入門：脳内文法のしくみを探る』（丸善出版），『理工系のための英文記事の読み方』（東京図書），『英語の構造と移動現象：生成理論とその科学性』（鳳書房），『科学英語読本：例文で学ぶ読解のコツ』（丸善出版），『言語学の専門家が教える新しい英文法：あなたの知らない英文法の世界』（ベレ出版），『科学英語の読み方：実際の科学記事で学ぶ読解のコツ』（丸善出版），『科学英語を読みこなす：思考力も身につく英文記事読解テクニック』（丸善出版），『理系の人はなぜ英語の上達が早いのか』（草思社），『ことばの分析から学ぶ科学的思考法：理論言語学の考え方』（大修館書店），『科学英語を読みとくテクニック：実際の英文記事でトレーニングする読解・分析・意訳』（丸善出版），『大人のためのビジネス英文法』（くろしお出版），『英文徹底解読 スティーブ・ジョブズのスタンフォード大学卒業式講演』（ベレ出版），『英語で学ぶ近現代史 外国人は歴代総理の談話をどう読んだのか』（開拓社），『英文徹底解読 ボブ・ディランのノーベル文学賞受賞スピーチ』（ベレ出版）がある。

　編著書に『言語科学の百科事典』（丸善出版），『日本語の教科書』（ベレ出版），『理科実験で科学アタマをつくる』（ベレ出版），『大学で教える英文法』（くろしお出版），『くらべてわかる英文法』（くろしお出版），『日英語の構文研究から探る理論言語学の可能性』（開拓社），『書評から学ぶ理論言語学の最先端（上）（下）』（開拓社），『数理言語学事典』（産業図書），『ことばの本質に迫る理論言語学』（くろしお出版），『ことばの仕組みから学ぶ 和文英訳のコツ』（開拓社），『徹底比較 日本語文法と英文法』（くろしお出版），『最新 理論言語学用語事典』（朝倉書店），『理論言語学史』（開拓社），シリーズ「ネイティブ英文法」（朝倉書店），『英文法大事典』（全11巻）（開拓社），『正しく書いて読むための 英文法用語事典』（朝倉書店）がある。

【執筆者紹介】

縄 田 裕 幸（なわた・ひろゆき）
愛知県生まれ。名古屋大学大学院文学研究科博士課程後期課程修了。博士（文学）。現在，島根大学教授。

　著書（共著書・論文）に，『統語論』（朝倉書店），"Clausal Architecture and Inflectional Paradigm : The Case of V2 in the History of English"（*English Linguistics* 26），「英語主語位置の通時的下方推移分析」（『コーパスからわかる言語変化・変異と言語理論』（開拓社））など。

本 田 謙 介（ほんだ・けんすけ）
埼玉県生まれ。獨協大学大学院外国語学研究科博士後期課程満期退学。博士（英語学）。現在，茨城工業高等専門学校准教授。

　著書（共著）に，『日本語の教科書』（ベレ出版），『数理言語学事典』（産業図書），『日英語の構文研究から探る理論言語学の可能性』（開拓社），『ことばの本質に迫る理論言語学』（くろしお出版），『ことばの仕組みから学ぶ和文英訳のコツ』（開拓社）など。

田 中 江 扶（たなか・こうすけ）
愛媛県生まれ。東京都立大学大学院人文科学研究科博士課程満期退学。修士（英語学）。現在，信州大学准教授。

　著書（共著）に，『書評から学ぶ理論言語学の最先端（上・下）』（開拓社），『最新 理論言語学用語事典』（朝倉書店），『日英比較構文研究』（開拓社），『ネイティブ英文法1 時制と相』（朝倉書店）など。

澤 田　治（さわだ・おさむ）

静岡県生まれ。シカゴ大学大学院言語学科 Ph. D. 課程修了，Ph. D.（Linguistics）。現在，神戸大学准教授。

　著書（著書・論文）に，*Pragmatic Aspects of Scalar Modifiers : The Semantics-Pragmatics Interface*（Oxford University Press），An Utterance Situation-based Comparison（*Linguistics and Philosophy* 37），など。

菅原真理子　（すがはら・まりこ）

東京都生まれ。マサチューセッツ大学アマースト校言語学科博士課程修了。Ph. D.（Linguistics）。現在，同志社大学教授。

　著書（共著書・共著論文・論文）に，『音韻論』朝倉書店，"Durational Correlates of English Sublexical Constituent Structure"（*Phonology* 26），"Phonetic Evidence for Prosodic Word Prominence in American English"（Prosody Matters：*Essays in Honor of Elisabeth Selkirk*, Equinox）など。

今 仁 生 美（いまに・いくみ）

福岡県生まれ。京都大学大学院文学研究科言語学専攻博士課程単位取得満期退学。現在，名古屋学院大学教授。

　著書（共著書・論文）に，『意味と文脈』（岩波書店），「否定の諸相」（『語・文と文法カテゴリーの意味』（ひつじ書房）），「英語における場所の前置詞―認知言語学と位相空間論の接点を求めて」（『場面と主体性・主観性』（ひつじ書房））など。

英語上達 40 レッスン
―言語学から見た4技能の伸ばし方―　　　　　定価はカバーに表示

2020 年 7 月 1 日　初版第 1 刷

編集者　畠　山　雄　二

発行者　朝　倉　誠　造

発行所　株式会社　朝　倉　書　店
　　　　東京都新宿区新小川町 6-29
　　　　郵 便 番 号　　162-8707
　　　　電　話　03 (3260) 0141
　　　　F A X　03 (3260) 0180
　　　　http://www.asakura.co.jp

〈検印省略〉

教文堂・渡辺製本

Ⓒ 2020 〈無断複写・転載を禁ず〉

ISBN 978-4-254-51065-2　C 3082　　　Printed in Japan

最新 理論言語学用語事典

畠山雄二 編集

A5 判・496 頁・本体 7400 円

正しく書いて読むための 英文法用語事典

畠山雄二 編集

A5 判・336 頁・本体 5000 円

シリーズ ネイティブ英文法

編集委員長　畠山雄二

編集幹事　本田謙介・田中江扶

1. 時制と相

田中江扶・本田謙介・畠山雄二 著　A5 判・200 頁・本体 2800 円

2. 破格の構造

小林亜希子・吉田智行 著　A5 判・192 頁・本体 2800 円

3. 音と形態

都田青子・平田一郎 著　A5 判・192 頁・本体 3000 円

2020 年秋刊行

4. 英文の基本構造

本田謙介・田中江扶・畠山雄二 著

5. 構文間の交替現象

岸本秀樹・岡田禎之 著

上記価格（税別）は 2020 年 6 月現在